AF275193

Disfrute gratuitamente **DURANTE UN AÑO** de los eBook y audiolibros de las obras de Editorial Colex*

⊘ Acceda a la página web de la editorial **www.colex.es**

⊘ Identifíquese con su usuario y contraseña. En caso de no disponer de una cuenta regístrese.

⊘ Acceda en el menú de usuario a la pestaña «Mis códigos» e introduzca el que aparece a continuación:

RASCAR PARA VISUALIZAR EL CÓDIGO

⊘ Una vez se valide el código, aparecerá una ventana de confirmación y su eBook y/o audiolibro estará disponible **durante 1 año desde su activación** en la pestaña «Mis libros» en el menú de usuario.

---

* Los audiolibros están disponibles en las ediciones más recientes de nuestras obras. Se excluyen expresamente las colecciones «Códigos comentados», «Biblioteca digital» y los productos de www.vademecumlegal.es.

No se admitirá la devolución si el código promocional ha sido manipulado y/o utilizado.

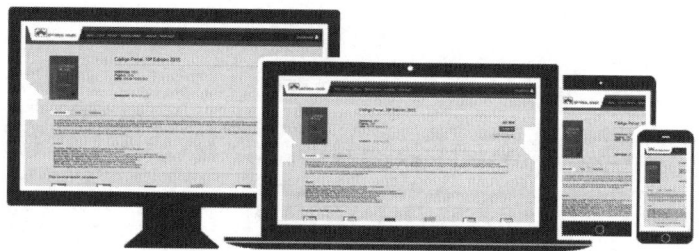

¡Gracias por confiar en nosotros!

La obra que acaba de adquirir incluye de forma gratuita la versión electrónica. Acceda a nuestra página web para aprovechar todas las funcionalidades de las que dispone en nuestro lector.

Funcionalidades eBook

Acceso desde cualquier dispositivo con conexión a internet

Idéntica visualización a la edición de papel

Navegación intuitiva

Tamaño del texto adaptable

Síguenos en:

PROTOCOLO FRENTE AL ACOSO SEXUAL Y POR RAZÓN DE SEXO EN EL ÁMBITO LABORAL

Conoce las claves para abordar el protocolo
para la prevención del acoso sexual y
por razón de sexo en la empresa

PROTOCOLO FRENTE AL ACOSO SEXUAL Y POR RAZÓN DE SEXO EN EL ÁMBITO LABORAL

Conoce las claves para abordar el protocolo para la prevención del acoso sexual y por razón de sexo en la empresa

2.ª EDICIÓN 2024

Obra realizada por el Departamento de Documentación de Iberley

COLEX 2024

SUMARIO

0.
INTRODUCCIÓN

La normativa laboral dispone que «las empresas deberán promover condiciones de trabajo que eviten el acoso y el acoso por razón de sexo y arbitrar procedimientos específicos para su prevención y para dar cauce a las denuncias o reclamaciones que puedan formular quienes hayan sido objeto del mismo. Con esta finalidad se podrán establecer medidas que deberán negociarse con los representantes de los trabajadores, tales como la elaboración y difusión de códigos de buenas prácticas, la realización de campañas informativas o acciones de formación. Los representantes de los trabajadores deberán contribuir a prevenir el acoso sexual y al acoso por razón de sexo en el trabajo mediante la sensibilización de los trabajadores y trabajadoras frente al mismo y la información a la dirección de la empresa de las conductas o comportamientos de que tuvieran conocimiento y que pudieran propiciarlo» (art. 48 de la Ley de Igualdad), pero, no existe un concreto deber patronal de actuar, ni menos aún un deber de resultado, sino que el deber de protección (y el de represión) en esta materia es un deber genérico.

Para cumplir con el deber de protección frente al acoso de la empresa y responder a la necesidad de prevenir, sensibilizar y, en su caso, atajar con todas las garantías estas formas de violencia y discriminación en el ámbito laboral aparecen los denominados **protocolos para la prevención frente al acoso sexual y el acoso por razón de sexo**.

Dado que toda empresa, independientemente de su número de personas trabajadoras, tiene la obligación de adoptar un procedimiento o protocolo para prevenir y actuar frente al acoso sexual y/o por razón de sexo, nuestra guía pretende servir de mapa conceptual para impulsar garantía internas, confidenciales y rápidas de resolución, erradicación y reacción frente a conductas de acoso sexual o por razón de sexo que puedan producirse en la empresa.

El lector encontrará información sobre:

Bloque 1: obligaciones legales y normativas para prevenir el acoso sexual y acoso por razón de sexo en el ámbito laboral

Este capítulo aborda la definición y el marco normativo del acoso sexual y el acoso por razón de sexo en el ámbito laboral. Se exploran las obligaciones de prevención tanto a nivel nacional, comunitario e internacional, y se analiza cómo estos actos constituyen discriminación por razón de sexo. Además, se describen los diferentes tipos de acoso, incluyendo el acoso laboral o *mobbing*, el acoso psicológico o moral, el ciberacoso, y la discriminación asociada al embarazo, maternidad o paternidad, así como la violencia de género en el trabajo. Finalmente, se discute el acoso como motivo de despido disciplinario.

Bloque 2: planes de igualdad y la prevención del acoso sexual y por razón de sexo

Este capítulo define el concepto de plan de igualdad y la obligación de implementarlo en las empresas. Se detallan las medidas dentro de un plan de igualdad relativas a la prevención del acoso sexual y por razón de sexo, incluyendo áreas clave de análisis, diagnóstico previo, y otras medidas como códigos internos de conducta, campañas informativas, acciones formativas y mejoras en las medidas legales de protección integral contra la violencia de género o sexual.

Bloque 3: protocolo para la prevención y el tratamiento del acoso sexual y/o por razón de sexo

Este capítulo describe los aspectos básicos para la realización e implantación de un protocolo de prevención y tratamiento del acoso sexual y por razón de sexo. Se abordan temas como la negociación del protocolo, la infraestructura necesaria, el procedimiento de comunicación para la tramitación de reclamaciones, la investigación y resolución de situaciones de acoso, y el respeto a la confidencialidad. También se discuten las infracciones y sanciones derivadas de situaciones de acoso y la posibilidad de recurrir a vías externas de solución del conflicto.

Bloque 4: canales de denuncia interna *(whistleblowing)*

Este capítulo explica qué es el *whistleblowing* y a quién se pretende proteger. Se detallan las características y requisitos de los canales de denuncias, tanto anónimos como no anónimos, y se discute la figura del *compliance officer*. Además, se abordan las implicaciones de la denuncia interna en términos de protección de datos, confidencialidad, y el procedimiento de gestión del canal de denuncias, incluyendo la protección frente al acoso sexual y por razón de sexo.

Bloque 5: protección frente al acoso en vía administrativa y en la jurisdicción laboral o penal

Este capítulo final aborda la protección frente al acoso sexual y por razón de sexo en el ámbito administrativo y judicial. Se exploran las vías de reclamación y denuncia, así como las posibles sanciones y medidas de protección que pueden adoptarse en el ámbito laboral y penal.

1.
OBLIGACIONES LEGALES Y NORMATIVAS PARA PREVENIR EL ACOSO SEXUAL Y ACOSO POR RAZÓN DE SEXO EN EL ÁMBITO LABORAL

Entre los derechos laborales de las personas trabajadoras se incluye la protección frente al acoso sexual y al acoso por razón de sexo.

1.1. Definición de acoso sexual y acoso por razón de sexo en el trabajo

Sin perjuicio de lo establecido en el Código Penal, el **art. 7 del Ley Orgánica 3/2007, de 22 de marzo, para la igualdad efectiva de mujeres y hombres (LOI)**, define ambos conceptos de forma diferenciada:

> «Artículo 7. Acoso sexual y acoso por razón de sexo.
> 1. Sin perjuicio de lo establecido en el Código Penal, a los efectos de esta Ley constituye acoso sexual cualquier comportamiento, verbal o físico, de naturaleza sexual que tenga el propósito o produzca el efecto de atentar contra la dignidad de una persona, en particular cuando se crea un entorno intimidatorio, degradante u ofensivo.
> 2. Constituye acoso por razón de sexo cualquier comportamiento realizado en función del sexo de una persona, con el propósito o el efecto de atentar contra su dignidad y de crear un entorno intimidatorio, degradante u ofensivo.
> 3. Se considerarán en todo caso discriminatorios el acoso sexual y el acoso por razón de sexo.
> 4. El condicionamiento de un derecho o de una expectativa de derecho a la aceptación de una situación constitutiva de acoso sexual o de acoso por razón de sexo se considerará también acto de discriminación por razón de sexo».

El **art. 46 de la LOI** contempla la prevención de estos dos tipos de acoso dentro del posible contenido de los planes de igualdad de las empresas. Pero, sobre todo, es el **art. 48 de la LOI**, el que de manera expresa se dedica a regular las medidas específicas que las empresas deben establecer, en colaboración con los representantes de los trabajadores, tanto a fin de evitar el acoso sexual y el acoso por razón de sexo, como de cara a dar cauce a las posibles denuncias o reclamaciones. (SJS - León, n.º 500/2019, de 26 de noviembre de 2019, ECLI:ES:JSO:2019:5455).

Por último, aparte de que la erradicación de ambos tipos de acoso se contempla como **criterio general de actuación de los poderes públicos (art. 14.5 de la LOI)**, resulta de interés remarcar cómo la LOI exige a las Administraciones públicas, a través de sus Servicios de Salud y órganos competentes, considerar el acoso sexual y el acoso por razón de sexo «(...) dentro de la protección, promoción y mejora de la salud laboral (...)», con las implicaciones que ello puede tener tanto desde la esfera de la prevención de riesgos, como también desde la perspectivas de las prestaciones de la Seguridad Social [**art. 27.3 c) LOI y art. 18.9 Ley 14/1986, General de Sanidad**].

RESOLUCIÓN RELEVANTE

SJS León n.º 500/2019, de 26 de noviembre de 2019, ECLI:ES:JSO:2019:5455

Este fallo permite extraer algunos aspectos comunes al acoso sexual y acoso por razón de sexo en el trabajo:

«*1ª) Se observan ciertas **diferencias de redacción de la LOI en relación con las Directivas comunitarias** de que dice traer su causa. La más importante es la relativa a que las Directivas exigen en ambos tipos de acoso que se trate de un 'comportamiento no deseado, y, en cambio el art. 7 LOI omite esta referencia para ambos tipos de acoso, de modo que la LOI parece haberse asumido la tesis doctrinal que venía defendiendo que debe ser condenado cualquier comportamiento de acoso sexual, tanto cuando la víctima haya mostrado su rechazo, como cuando, pese al silencio de ésta, el acosador debiera saber que su acto es contrario a la dignidad de la persona, conforme a los parámetros de la conciencia social imperante, con la consecuencia, en este caso, de que se libera a la víctima de la carga de probar su negativa, y, por el contrario, se traslada al agresor la prueba del consentimiento de la persona acosada.*

2ª) La previsión del art. 7.4 LOI, mediante la que también se califica como acto de discriminación por razón de sexo "(...) el condicionamiento de un derecho o de una expectativa de derecho a la aceptación de una situación constitutiva de acoso sexual o de acoso por razón de sexo se considerará también acto de discriminación por razón de sexo (...)" Como ya hemos explicado anteriormente, la previsión se refiere, obviamente, a los supuestos de chantaje, en que la adquisición de un derecho se supedita al previo sometimiento a una situación de acoso (sexual o por razón de sexo).

3ª) Finalmente, más allá del art. 7 LOI, es necesario poner de relieve otras previsiones de la Ley en materia de acoso sexual y acoso por razón de sexo que inciden sobre las relaciones laborales:

a) En primer lugar, las adaptaciones normativas que la regulación de estas figuras ha provocado y que ha motivado la reforma de algunos preceptos para procede a su inclusión: art. 4.2. e) ET [repárese, por cierto, en que el acoso sigue contemplándose en una norma sobre respecto a la intimidad y la dignidad, sin haberse trasladado a la letra c) del precepto, dedicada a la discriminación]; art. 54.2.g) ET [en que se incluye el acoso sexual o por razón de sexo al empresario o a los trabajadores, como causa de despido); y, art. 8.13 bis LISOS (en que se incorpora el acoso por razón de sexo, manteniendo el acoso sexual en el art. 8.13).

b) En segundo lugar, y de manera especial, deben destacarse las distintas manifestaciones de la LOI mediante las que el legislador ha querido dar cumplimiento al mandato del art. 2.5 Directiva 76/207 -en la redacción dada en 2002-, en el que se indica que los "(...) Estados miembros [...] alentarán a los empresarios y a los responsables del acceso a la formación a adoptar medidas para prevenir todas las formas de discriminación por razón de sexo, y, en particular, el acoso sexual en el lugar de trabajo...'. A este último efecto, el art. 46 LOI contempla la prevención de estos dos tipos de acoso dentro del posible contenido de los planes de igualdad de las empresas. Pero sobre todo, es el art. 48 LOI el que de manera expresa se dedica a regular las medidas específicas que las empresas deben establecer, en colaboración con los representantes de los trabajadores, tanto a fin de evitar el acoso sexual y el acoso por razón de sexo, como de cara a dar cauce a las posibles denuncias o reclamaciones.

c) Por último, aparte de que la erradicación de ambos tipos de acoso se contempla como criterio general de actuación de los poderes públicos (art. 14.5 LOI), resulta de interés remarcar cómo la LOI exige a las Administraciones públicas, a través de sus Servicios de Salud y órganos competentes, considerar el acoso sexual y el acoso por razón de sexo "(...) dentro de la protección, promoción y mejora de la salud laboral (...)", con las implicaciones que ello puede tener tanto desde la esfera de la prevención de riesgos, como también desde la perspectivas de las prestaciones de la Seguridad Social [art. 27.3 c) LOI y art. 18.9 Ley 14/1986, General de Sanidad]».

Junto a la LOI, merece la pena destacar otras definiciones de estos conceptos por parte de normativa, organismos internacionales o doctrina:

Ley para la igualdad de trato y la no discriminación y Ley trans

Al margen de la delimitación, entre acoso sexual y acoso por razón de sexo realizada por la LOI, la existencia de conducta discriminatoria asociada a estos comportamientos ha sido objeto de regulación transversal dentro de la prohibición de toda disposición, conducta, acto, criterio o práctica que atente contra el derecho a la igualdad por parte de la **Ley 15/2022, de 12 de julio, integral para la igualdad de trato y la no discriminación**.

Del mismo modo, la **Ley 4/2023, de 28 de febrero, para la igualdad real y efectiva de las personas trans y para la garantía de los derechos de las personas LGTBI**, obliga a las empresas de más de cincuenta personas trabajadoras a contar con a un protocolo de actuación para la atención del acoso o la violencia contra las personas LGTBI. A la espera del contenido y alcance de esas medidas mediante su desarrollo reglamentario, el acoso analizado también parece caber dentro de la norma.

Normas de seguridad y salud laboral

Las normas de seguridad y salud laboral definen el acoso laboral como «la exposición a conductas de violencia psicológica, dirigidas de forma reiterada y prolongada en el tiempo (al menos durante 6 meses y una vez por semana) hacia una o más personas por parte de otra/s que actúan frente a aquella/s desde una posición de poder (no necesariamente jerárquica; el acosador puede tener más experiencia, antigüedad, mayores conexiones sociales...), en ocasiones suele contar con la complicidad de otros miembros del grupo. Dicha exposición se da en el marco de las relaciones laborales y supone un riesgo importante para la salud». NTP: 854. Acoso psicológico en el trabajo: definición. INSST. Año 2009.

Y el acoso sexual, se califica como una variable del acoso, y se define como «Aquella conducta (implícita o explícita) de naturaleza sexual que afecta a la dignidad de la mujer y del hombre en el trabajo, incluida la conducta de superiores y compañeros. Tiene las características de ser indeseado, intimidatorio, humillante y ofensivo, y puede usarse como medida de presión sobre la continuación en el empleo, salario, promoción. Es contraria al principio de igualdad de trato».

Organización Internacional del Trabajo (OIT)

De acuerdo con un Informe realizado por la Organización Internacional del Trabajo (OIT), los elementos que definen el acoso sexual, al margen de las diversas definiciones al respecto, son:

«- Conducta de naturaleza sexual, y toda otra conducta basada en el sexo y que afecte a la dignidad de mujeres y hombres, que resulte ingrata, irrazonable y ofensiva para quien la recibe.

- Cuando el rechazo de una persona a esa conducta, o su sumisión a ella, se emplea explícita o implícitamente como base para una decisión que afecta al trabajo de esa persona (acceso a la formación profesional o al empleo, continuidad en el empleo, promoción, salario o cualesquiera otras decisiones relativas al empleo); y

- Conducta que crea un ambiente de trabajo intimidatorio, hostil o humillante para quien la recibe».

Directiva 2006/54/CE del Parlamento Europeo y del Consejo, de 5 de julio de 2006

«Artículo 2. Definiciones.

(...)

c) «acoso»: la situación en que se produce un comportamiento no deseado relacionado con el sexo de una persona con el propósito o el efecto de atentar contra la dignidad de la persona y de crear un entorno intimidatorio, hostil, degradante, humillante u ofensivo;

d) «acoso sexual»: la situación en que se produce cualquier comportamiento verbal, no verbal o físico no deseado de índole sexual con el propósito o el efecto de atentar contra la dignidad de una persona, en particular cuando se crea un entorno intimidatorio, hostil, degradante, humillante u ofensivo».

Definición por la doctrina constitucional

El TC (STC n.º 224/1999, de 13 de diciembre, ECLI:ES:TC:1999:224), ha considerado:

«(...) para que exista un acoso sexual ambiental constitucionalmente recusable ha de exteriorizarse, en primer lugar, una conducta de tal talante por medio de un comportamiento físico o verbal manifestado, en actos, gestos o palabras, comportamiento que además se perciba como indeseado e indeseable por su víctima o destinataria, y que, finalmente, sea grave, capaz de crear un clima radicalmente odioso e ingrato, gravedad que se erige en elemento importante del concepto».

Definición doctrinal

Del mismo modo, el acoso sexual y por razón de sexo han sido definido por la **STSJ de Asturias n.º 119/2010, de 19 enero de 2010, ECLI:ES:TSJAND:2010:118,** como:

> «(...) cualquier conducta gestual, verbal, o física, comportamiento o actitud realizada tanto, por Superiores jerárquicos, como por compañeros o inferiores, que tiene relación o causa en el sexo de una persona, y que atenta por su repetición o sistematización contra la dignidad de la persona o su integridad física o psíquica, y que se produce en el marco de organización y dirección de un empresario, creando un entorno hostil, intimidatorio, degradante, humillante u ofensivo para la víctima».

En esta definición se contiene una referencia suficientemente clarificadora de los elementos definitorios del acoso sexista, que lo diferencian del sexual, en primer lugar, por la necesidad de repetición o sistematicidad. También se hace referencia a elementos comunes con el acoso sexual, los resultados en términos laborales, ya que degradan sus condiciones de trabajo, y finalmente se refiere al ámbito de realización, el de organización y dirección de un empresario.

> «Como es de ver son elementos configuradores del acoso sexual:
> 1. Actuación que traiga causa en el sexo, que resulta ofensiva para su víctima.
> 2 .Su tipo es el acoso ambiental.
> 3. El ámbito en que la actuación ha de tener lugar es el de organización y dirección empresarial, es decir, la propia empresa o, si es fuera de ella, ha de tener relación con el trabajo de la víctima.
> 4. Los sujetos activos de la actuación que pueden ser tanto el propio empleador como los compañeros de trabajo o incluso clientes o terceros relacionados con la víctima por causa de su trabajo.
> 5. Además, la configuración de la posible conducta acosadora, conducta de naturaleza sexual, incluye todo tipo de actuaciones físicas, verbales, gestuales.
> Son conductas susceptibles de ser catalogadas dentro del concepto de acoso sexual, las bromas (STSJ Cantabria de 25-3- 2008, colocar un anuncio de teléfono de compañera ofreciéndose para relaciones sexuales) y comentarios de mal gusto; alusiones groseras e inaceptables; gestos, exhibición de pornografía indeseada por la víctima; hasta la agresión física más o menos grave; comportamientos que tienen causa en el sexo femenino de la víctima y que suponen la presión o la imposición y las molestias; sin que precisen ser verbales, o traspasar un límite físico, pero que sin embargo al igual que los comportamientos físicos son ofensivas, intimidatorias

o humillantes para quien las recibe. En fin en el acoso sexista o acoso por razón de sexo, el objetivo del acosador no es sino la manifestación de su desprecio por las mujeres, la desconfianza en sus capacidades y el valor social secundario que en su opinión estas deben seguir ocupando; y en el fondo, en la motivación de dicho comportamiento no existe, o no existe solo, o no existe predominantemente, un deseo sexual sino una finalidad de dominio o de afirmación de poder.

La ofensividad constituye uno de los elementos calificadores más relevantes del concepto de acoso en sus dos modalidades, al que en el supuesto de acoso sexual se une inseparablemente el de indeseabilidad, es decir, el acoso sexual se configura como una violación del Derecho a la dignidad pero también como una violación del Derecho de libertad de la víctima de tal forma que una parece inexistente sin la concurrencia de la otra. En otras palabras, en el acoso discriminatorio, junto con el Derecho de igualdad, el acoso sexista se concibe esencialmente como violación del Derecho a la dignidad, mientras que en supuesto el acoso sexual se configura como una violación simultánea del Derecho a la dignidad y a la libertad de la víctima de tal forma que una parece inexistente sin la concurrencia de la otra.

La interpretación del término ofensividad por el que se opte resulta relevante en óptica jurídica ya que determinará la existencia o inexistencia del acoso. Admite diversos sentidos, uno objetivo (solo se entenderían ofensivas aquellas actuaciones que socialmente, con criterio de razonabilidad, se consideren atentatorias a la dignidad de la persona), otro subjetivo (se entiende que la determinación de lo ofensivo queda al arbitrio de la víctima, equiparándose así a lo indeseado); y una postura ecléctica que combina ambos criterios rechazando tanto un standard estrictamente objetivo en el que no se tenga en consideración las circunstancias personales de la víctima, como otro exclusivamente subjetivo en el que una excesiva sensibilidad de la víctima pueda llevar a resultados irrazonables. Esta tercera postura que es la que aquí sostenemos y consideramos antijurídico tanto lo ofensivo en sentido objetivo como lo ofensivo en sentido subjetivo de tal manera que constituirá acoso toda actuación de cuya ofensividad es consciente el acosador que sabe, porque la víctima lo ha podido manifestar expresa o implícitamente, que le resulta ofensiva y a pesar de ello ha insistido en su actuación (lo que de otro lado constituye una muestra de la existencia de intencionalidad acosadora) y además, toda actuación respecto de la que el acosador debiera saber que resulta ofensiva dada su gravedad y las circunstancias concurrentes, aunque la víctima no manifestase nada porque no pudiese hacerlo o cuando esta manifestación no fuese suficientemente contundente y probada. Optamos por esta última interpretación del carácter ofensivo por resultar la más adecuada y conforme a las directrices comunitarias como con la doctrina jurisprudencial de las SS.T.C. 224/1999 y 136/2001.

Regresando a los hechos probados, estimamos, como ya dijimos, que los mismos constituyen un acoso por razón de sexo del trabajador despedido hacia la persona de Doña Ascension, su compañera de trabajo, consistente en un comportamiento reiterado, intimidatorio, consistente en asaltos a su vehículo, a su domicilio, seguimientos, esperas, mensajes reiterados por diversos medios, todo para imponerle una relación, en atención a ser mujer, que la víctima no deseaba, había rechazado y le había solicitado el cese de esta conducta, en reiteradas ocasiones. La conducta reiterada del recurrente consistente en no dejarla en paz, imponerle su presencia, "asaltarla" tanto físicamente como por todos los medios de comunicación posibles (caratas, teléfono, móvil, sms, emails) constituye un acoso por razón de sexo pues la ofensividad de esas actuaciones el recurrente-acosador es consciente (vid f. 113 y 114 donde expresamente lo reconoce) sabe, porque la víctima le manifestó tanto expresa como implícitamente, que le resultaban ofensivas por intimidatorias y a pesar de ello ha insistido en su actuación (lo que de otro lado constituye una muestra de la existencia de intencionalidad acosadora) y además, respecto de esas actuaciones concretas que obran al inicio de este fundamento, el acosador debiera saber (y lo sabe, como lo expresa en los f. 101 a 114) que resultan ofensivas dada su gravedad (imposición de su presencia a toda hora y por cualquier medio, con alusiones sexuales, que provocan ansiedad e intimidación a la víctima) y las circunstancias concurrentes (la víctima está "cautiva" en un puesto de trabajo al que debe acudir diariamente, haciendo imposible eludir al acosador e incluso participa el letrado del acosador, vid. HP 4º. 10º). Por último resaltar que no se trata de una percepción que haya tenido únicamente la víctima, pues estos hechos han sido constatados por compañeros de trabajo y por su jefa directa que quien "levanta la liebre" e inicia las actuaciones disciplinarias. Todo ello, reiteramos, generó una situación de angustia y ansiedad a la trabajadora dentro y fuera de su lugar de trabajo que incidía en su vida profesional, llegando al extremo de no poder desarrollar su trabajo con normalidad». (STSJ de Andalucía n.º 961/2020, rec. 3964/2018, de 12 de marzo de 2020, ECLI:ES:TSJAND:2020:3117).

Definiciones por parte de la negociación colectiva o distintos protocolos para la prevención y el tratamiento del acoso sexual y/o por razón de sexo dentro de un plan de igualdad

Como es lógico, los convenios colectivos dentro del su **régimen de faltas y sanciones**, sancionan la existencia de acoso sexual y/o por razón de sexo, por lo que no es extraño encontrar referencias conceptuales definiendo este tipo de comportamientos. A modo de **ejemplo**:

Convenio colectivo general de la industria química (BOE 19/07/2021).

«Artículo 64. Faltas muy graves.
(...)
17. El acoso sexual, identificable por la situación en que se produce cualquier comportamiento verbal, no verbal o físico no deseado de índole sexual con el propósito o el efecto de atentar contra la dignidad de una persona, en particular cuando se crea un entorno intimidatorio, hostil, degradante, humillante u ofensivo. En un supuesto de acoso sexual, se protegerá la continuidad en su puesto de trabajo de la persona objeto del mismo.

18. El acoso moral (mobbing), entendiendo por tal toda conducta abusiva o de violencia psicológica que se realice de forma prolongada en el tiempo sobre una persona en el ámbito laboral, manifestada a través de reiterados comportamientos, hechos, órdenes o palabras que tengan como finalidad desacreditar, desconsiderar o aislar a una persona trabajadora con objeto de conseguir un auto-abandono del trabajo produciendo un daño progresivo y continuo en su dignidad o integridad psíquica. Se considera circunstancia agravante el hecho de que la persona que ejerce el acoso ostente alguna forma de autoridad jerárquica en la estructura de la empresa sobre la persona acosada.

19. El acoso por razón de origen racial o étnico, sexo, religión o convicciones, discapacidad, edad u orientación sexual al empresario o a las personas que trabajan en la empresa».

Convenio colectivo de ámbito estatal para las empresas de mediación de seguros privados para el periodo 2019-2022 (BOE 15/11/2023).

«Artículo 70. Tipificación.

3. Muy graves:

k) Los actos abusivos en el ejercicio de las funciones de mando, incluidas aquellas conductas que pudieran ser constitutivas del denominado acoso moral o psicológico (mobbing) cuando supongan infracción de preceptos legales con perjuicio notorio y directo para la persona trabajadora, así como las conductas discriminatorias establecidas en la legislación vigente. Tal hecho deberá ser puesto inmediatamente en conocimiento de la dirección de la empresa, ya directamente o a través de la representación legal de las personas trabajadoras.

l) Actos de acoso sexual o por razón de sexo, considerándose de especial gravedad los dirigidos a personas subordinadas con abuso de posición privilegiada. (...)

o) Los actos de acoso moral o psicológico, que consistan en una conducta, práctica o comportamiento, realizada de modo sistemático o recurrente en el seno de una relación de trabajo, que degraden o consientan que se degraden las condiciones de trabajo de alguna persona, que supongan directa o indirectamente un menoscabo o atentado contra la dignidad de las personas trabajadoras, o que persigan anular la capacidad, promoción profesional o permanencia en el puesto de trabajo del mismo».

Igualmente, a los efectos de la aplicación de un procedimiento de prevención y tratamiento de situaciones de acoso moral y sexual y acoso por razón de sexo, los **protocolos** al efecto definirán estas situaciones. A modo de **ejemplo**:

VIII Convenio colectivo sectorial estatal de cadenas de tiendas de conveniencia (BOE 01/06/2024).

«ANEXO I. Planes de igualdad y Protocolo de prevención y tratamiento de situaciones de acoso moral, sexual y por razón de sexo

Artículo 30. Procedimiento de prevención y tratamiento de situaciones de acoso moral y sexual y acoso por razón de sexo.

A los efectos del presente Procedimiento, se entiende por:

Acoso moral: Se entiende por acoso moral toda conducta, práctica o comportamiento, realizada de modo sistemático o recurrente en el seno de una relación de trabajo, que suponga directa o indirectamente un menoscabo o atentado contra la dignidad de la persona trabajadora, al cual se intenta someter emocional y psicológicamente de forma violenta u hostil, y que persigue anular su capacidad, promoción profesional o su permanencia en el puesto de trabajo, afectando negativamente al entorno laboral.

A título de ejemplo, entre las conductas que aisladamente o en combinación con otras, pasivas o activas, pudieran llegar a ser constitutivas de acoso moral, cabe destacar:

- A la persona trabajadora se le ignora, se le excluye o se le hace el vacío.
- Se evalúa su trabajo de manera desigual o de forma sesgada, criticando el trabajo que realiza despectivamente.
- Se le deja sin ningún trabajo que hacer, ni siquiera a iniciativa propia, o se le asignan tareas o trabajos absurdos, sin sentido, o por debajo de su capacidad profesional o competencias.
- Se le exige una carga de trabajo insoportable de manera manifiestamente malintencionada o que pone en peligro su integridad física o su salud.
- Recibe ofensas verbales, insultos, gritos.
- Recibe críticas y reproches por cualquier cosa que haga o decisión que tome en su trabajo.
- Le humillan, desprecian o minusvaloran en público ante otros colegas o ante terceros.
- Se le impiden oportunidades de desarrollo profesional.

Acoso sexual: Se entiende por acoso sexual toda aquella conducta consistente en palabras, gestos, actitudes o actos concretos, desarrolladas en el ámbito laboral, que se dirija a otra persona con intención de conseguir una respuesta de naturaleza sexual no deseada por la víctima.

El carácter laboral se presume al producirse en el ámbito de la organización de la empresa, así como cuando la conducta se pone en relación con las condiciones de empleo, formación o promoción en el trabajo.

La acción ejercida por el acosador ha de ser indeseada y rechazada por quien la sufre. Ha de haber ausencia de reciprocidad por parte de quien recibe la acción.

No es necesario que las acciones de acoso sexual en el trabajo se desarrollen durante un período prolongado de tiempo. Una sola acción, por su gravedad, puede ser constitutiva de acoso sexual.

Estos comportamientos deterioran el entorno de trabajo y afectan negativamente a la calidad del empleo, condicionales laborales y desarrollo profesional de la víctima de acoso.

Así, se pueden identificar unos comportamientos concretos que, a título de ejemplo, constituyen acoso sexual:

- Insinuaciones y comentarios molestos, humillantes de contenido sexual.
- Comentarios obscenos, proposiciones de carácter sexual, directas o indirectas.
- Cartas o notas con contenido sexual, que propongan, inciten o presionen a mantener relaciones sexuales.
- Insistencia en comentarios despectivos u ofensivos sobre la apariencia o condición sexual de la persona trabajadora.
- Tocamientos, gestos obscenos, roces innecesarios.

- Toda agresión sexual.

Acoso por razón de sexo: Se entiende acoso por razón de sexo cualquier comportamiento realizado dentro del ámbito laboral hacia una persona en función de su sexo, con el propósito o el efecto de atentar contra su dignidad y de crear un entorno intimidatorio, degradante u ofensivo.

Procedimiento de actuación: En el término de un año desde la publicación del presente convenio a nivel de empresa se establecerá un procedimiento específico de actuación que desarrolle lo aquí dispuesto.

El procedimiento se desarrollará bajo los principios de rapidez y confidencialidad, garantizando y protegiendo la intimidad y la dignidad de las personas objeto de acoso.

Asimismo, se garantizarán y respetarán los derechos de las personas implicadas en el Procedimiento.

Se creará a nivel de empresa una comisión instructora de tratamiento de situaciones de acoso, con esta u otra denominación, como órgano encargado de la tramitación del proceso contemplado en el presente procedimiento.

En el caso de que, transcurrido el año, no quedara establecido el procedimiento, y hasta que se haga otro a nivel de empresa, se aplicará el procedimiento que figura en el anexo I.».

RESOLUCIONES RELEVANTES

STSJ Madrid n.º 914/2020, de 30 de noviembre de 2020, ECLI:ES:TSJM:2020:14631

Validando el despido por acosar a su subordinada en la cena de Navidad de la empresa:

«(...) se evidencia un abuso de superioridad por el actor de su situación jerárquica en la empresa al utilizar la preocupación profesional de la actora para establecer un contacto físico con ella de carácter objetivamente libidinoso y al que difícilmente se hubiese atrevido sin la protección psicológica de la jerarquía laboral directa, insistiendo en el mismo pese a la oposición física de la trabajador».

«Como resalta la sentencia no se trata de una situación de cortejo sino de aprovechamiento de la superioridad jerárquica laboral para superar la barrera de intimidad física de la trabajadora. Y no puede reprocharse a la empresa la infracción del principio de proporcionalidad pues la alternativa de una sanción inferior al despido hubiera originado un problema de convivencia laboral que supondría una desprotección de la trabajadora que ya había anunciado su intención de desistir del contrato ante el comportamiento de su jefe. La empresa debe proteger a la víctima y no al acosador. Se trata del principio cardinal de la actuación de todo poder social con potestad para resolver este tipo de conflictos que origina la humana convivencia».

1.2. Marco normativo de la obligación de prevención del acoso sexual y del acoso por razón de sexo

El marco normativo español establece una serie de obligaciones y medidas para prevenir y combatir el acoso sexual y el acoso por razón de sexo en el ámbito laboral. Estas medidas están fundamentadas en la Constitución Española, diversas leyes orgánicas, reales decretos y directivas comunitarias, que buscan garantizar la igualdad de trato y la dignidad de las personas trabajadoras.

En el ámbito nacional

La **Constitución española** reconoce como derechos fundamentales la dignidad de la persona, los derechos inviolables que le son inherentes, el libre desarrollo de la personalidad (art. 10.1), la igualdad y la no discriminación por razón de sexo en sentido amplio (art. 14), el derecho a la vida y a la integridad física y moral, así como a no ser sometidos a tratos degradantes (art. 15), el derecho al honor, a la intimidad personal y familiar y a la propia imagen (art. 18.1). El artículo 35.1 CE incorpora a su vez, el derecho a la no discriminación por razón de sexo en el ámbito de las relaciones de trabajo.

Además en su artículo 9.2 dispone que: «Corresponde a los poderes públicos promover las condiciones para que la libertad y la igualdad del individuo y de los grupos en que se integra sean reales y efectivas; remover los obstáculos que impidan o dificulten su plenitud y facilitar la participación de todos los ciudadanos en la vida política, económica, cultural y social» y el artículo 10.1 de la CE impone a los poderes públicos el deber de proteger la dignidad de la persona que se ve afectada por tratos discriminatorios.

La **Ley Orgánica 3/2007, de 22 de marzo, para la Igualdad efectiva de mujeres y hombres (LOI)**, da un gran paso prohibiendo expresamente el acoso sexual y el acoso por razón de sexo, así como definiendo estas conductas (artículos 7, 8, 48 y 62). Estableciendo específicamente en su artículo 62 y Disposición final sexta, el compromiso de las Administraciones públicas de negociar con la representación legal de las trabajadoras y trabajadores, un protocolo de actuación para la prevención del acoso sexual y del acoso por razón de sexo.

Por otra parte, el artículo 51 de la Ley Orgánica 3/2007, de 22 de marzo, en aplicación del principio de igualdad entre mujeres y hombres, atribuye a las Administraciones públicas el deber general de remover los obstáculos que impliquen la pervivencia de cualquier tipo de discriminación con el fin de obtener condiciones de igualdad efectiva entre mujeres y hombres, estableciendo, en el ámbito de sus competencias, medidas efectivas de protección frente al acoso sexual y al acoso por razón de sexo. También adapta esta Ley las infracciones, las sanciones y los mecanismos de control de los incumplimientos en materia de no discriminación, reforzando el papel de la Inspección de Trabajo y Seguridad Social.

La **Ley 15/2022, de 12 de julio, integral para la igualdad de trato y la no discriminación**, tiene por objeto garantizar y promover el derecho a la igualdad de trato y no discriminación, respetar la igual dignidad de las personas en desarrollo de los artículos 9.2, 10 y 14 de la Constitución.

La **Ley Orgánica 10/2022, de 6 de septiembre, de garantía integral de la libertad sexual (LOGILS)**, en su art. 12, fija una serie de pautas para promover condiciones de trabajo que eviten la comisión de delitos y otras conductas contra la libertad sexual y la integridad moral en el trabajo, incidiendo especialmente en el acoso sexual y el acoso por razón de sexo.

El **Real Decreto Legislativo 5/2015, de 30 de octubre, por el que se aprueba el texto refundido de la Ley del Estatuto Básico del Empleado Público**, aplicable a las empleadas y empleados públicos que trabajen en la Administración General del Estado (AGE) tipifica como falta muy grave «(…) toda actuación que suponga discriminación por razón de origen racial o étnico, religión o convicciones, discapacidad, edad u orientación sexual, lengua, opinión, lugar de nacimiento o vecindad, sexo o cualquier otra condición o circunstancia personal o social, así como el acoso por razón de origen racial o étnico, religión o convicciones, discapacidad, edad u orientación sexual y el acoso moral» (art. 95.2. b).

El **Criterio Técnico 69/2009 sobre las actuaciones de la Inspección de Trabajo y Seguridad Social en materia de acoso y violencia en el trabajo**, considera infracción en materia de prevención la ausencia de evaluación y de adopción de medidas preventivas de la violencia de género en el ámbito laboral.

El acoso sexual también se encuentra regulado en el **Real Decreto Legislativo 5/2000, de 4 de agosto, por el que se aprueba el Texto refundido de la Ley sobre Infracciones y Sanciones en el Orden Social** (artículo 8); en la **Ley 29/1998, de 13 de julio, reguladora de la jurisdicción contencioso administrativa** (artículo 19.1.i) y en la **Ley 1/2000, de 7 de enero, de Enjuiciamiento Civil** (artículo 11 bis) en materia de legitimación; en el **Estatuto de los Trabajadores** [arts. 4.2.e), y 54.2], en la **Ley 36/2011, de 10 de octubre, reguladora de la jurisdicción social** (arts. 96, 151, 286); en la **Ley 14/1986, de 25 de abril, General de Sanidad** (artículo 18.9) y art. 184 de la **Ley Orgánica 10/1995, de 23 de noviembre, del Código Penal**.

El **artículo 184 del Código Penal** español establece las bases para la tipificación del acoso sexual en diversos ámbitos, incluyendo el laboral, docente y de prestación de servicios. Este artículo se estructura en cinco apartados que detallan las circunstancias y penas aplicables a los culpables de este delito.

Corresponde a la **negociación colectiva** establecer medidas para detectar y corregir posibles riesgos para la salud de las trabajadoras, en especial de las mujeres embarazadas, así como acciones contra los posibles casos de acoso moral, sexual y por razón de sexo, para lo que se consensuarán medidas preventivas, formativas de sensibilización, tutela, y el estableciendo protocolos [art. 85.1 (párrafo segundo) del ET].

Asimismo, el **Real Decreto 901/2020, de 13 de octubre, por el que se regulan los planes de igualdad y su registro y se modifica el Real Decreto 713/2010, de 28 de mayo, sobre registro y depósito de convenios y acuerdos colectivos de trabajo**, hace referencia a la necesidad de todas las empresas de respetar la igualdad de trato y de oportunidades en el ámbito laboral y, con esta finalidad, la de adoptar, previa negociación, medidas dirigidas a evitar cualquier tipo de discriminación laboral entre mujeres y hombres, así como promover condiciones de trabajo que eviten el acoso sexual y el acoso por razón de sexo y arbitrar procedimientos específicos para su prevención y para dar cauce a las denuncias o reclamaciones que puedan formular quienes hayan sido objeto del mismo.

Para lo anterior, el RD 901/2020 obliga a un diagnóstico previos sobre la prevención del acoso sexual y por razón de sexo en la empresa e instaura el depósito «voluntario» de las medidas adoptadas conforme a los artículos 45.1 y 48 de la Ley Orgánica 3/2007, de 22 de marzo, para prevenir la discriminación entre mujeres y hombres, así como las medidas específicas para prevenir el acoso sexual y el acoso por razón de sexo en el trabajo.

De conformidad con lo previsto en la normativa analiza hasta este momento, al art. 4.4 de la **Ley 10/2021, de 9 de julio, de trabajo a distancia**, obliga a las empresas donde exista esta modalidad de prestación de servicios a tener en cuenta las particularidades del trabajo a distancia, especialmente del teletrabajo, en la configuración y aplicación de medidas contra el acoso sexual, acoso por razón de sexo, acoso por causa discriminatoria y acoso laboral. En la elaboración de medidas para la protección de las víctimas de violencia de género, deberán tenerse especialmente en cuenta, dentro de la capacidad de actuación empresarial en este ámbito, las posibles consecuencias y particularidades de esta forma de prestación de servicios en aras a la protección y garantía de derechos sociolaborales de estas personas.

La **Ley 36/2011, de 10 de octubre, reguladora de la jurisdicción social**, señala en su art. 2.e) que la competencia para conocer las reclamaciones de responsabilidad derivada de los daños sufridos como consecuencia del incumplimiento de la normativa de prevención de riesgos laborales que forma parte de la relación funcionarial, estatutaria o laboral, corresponde al orden social.

> «e) Para garantizar el cumplimiento de las obligaciones legales y convencionales en materia de prevención de riesgos laborales, tanto frente al empresario como frente a otros sujetos obligados legal o convencionalmente, así como para conocer de la impugnación de las actuaciones de las Administraciones públicas en dicha materia respecto de todos sus empleados, bien sean éstos funcionarios, personal estatutario de los servicios de salud o personal laboral, que podrán ejercer sus acciones, a estos fines, en igualdad de condiciones con los trabajadores por cuenta ajena, incluida la reclamación de responsabilidad derivada de los daños sufridos como consecuencia del incumplimiento de la normativa de prevención de riesgos laborales que forma parte de la relación funcionarial, estatutaria o laboral; y siempre sin perjuicio de las competencias plenas de la Inspección de Trabajo y Seguridad Social en el ejercicio de sus funciones».

Los distintos **estatutos de autonomía y el desarrollo reglamentario de la normativa en igualdad**, por lo general, dentro del derecho a la no discriminación por razón de género, prohíben cualquier discriminación de género u orientación sexual, ya sea directa o indirecta y se fija el deber de los poderes públicos de la autonomía de garantizar la transversalidad del principio de igualdad de género en todas sus políticas, promoviendo acciones positivas para lograr la igualdad de oportunidades entre mujeres y hombres, sobre todo en los ámbitos educativo, económico, laboral, en la vida pública, en el medio rural, en relación con la salud y con los colectivos de mujeres en situación de necesidad especial, particularmente las víctimas de violencia de género (a modo de ejemplo: art. 14 de la Ley Orgánica 14/2007, de 30 de noviembre, de reforma del Estatuto de Autonomía de Castilla y León).

Del mismo modo, las **distintas leyes autonómicas de igualdad de oportunidades entre mujeres y hombres regulan en el ámbito de la comunidad correspondiente**, el marco de actuación en orden a fomentar la igualdad de la mujer de conformidad con lo previsto en el Estatuto de Autonomía mediante la adopción de medidas de acción positiva para la corrección de desigualdades por razón de género.

La D.A. 2.ª del Real Decreto 893/2024, de 10 de septiembre, reconoce el derecho a la protección frente a la violencia y acoso en el empleo doméstico, especificando su contenido, y encarga al Instituto Nacional de Seguridad y Salud en el Trabajo la elaboración de un protocolo para su prevención en el plazo máximo de un año desde la publicación de esta norma (11/09/2024).

En el ámbito comunitario

En el ámbito comunitario, la **Recomendación de la Comisión 92/131/CEE, de 27 de noviembre**, relativa a la protección de la dignidad de la mujer y del hombre en el trabajo, ya recoge un *Código de conducta sobre las medidas para combatir el acoso sexual*.

La **Directiva 2006/54/CE, relativa a la aplicación del principio de igualdad de trato entre hombres y mujeres en asuntos de empleo y ocupación**, recoge las definiciones de acoso sexual, acoso por razón de sexo y otras cuestiones horizontales aplicables a toda conducta o acto discriminatorio en la materia que nos ocupa.

La **Comunicación de la Comisión sobre el acuerdo marco europeo sobre el acoso y la violencia en el trabajo [COM (2007) 686 final]** firmado por los agentes sociales europeos habla de diferentes tipos de acoso en función de su proyección y efectos, de su exteriorización, de los sujetos implicados y de su materialización.

En el ámbito internacional

El Convenio 111 de la OIT contra la discriminación en el empleo, que aborda el acoso sexual en el lugar de trabajo como una forma importante de discriminación para las mujeres trabajadoras, y la Recomendación Núm. 19 sobre violencia en el lugar de trabajo en el sector de los servicios y medidas para combatirla.

Ante todo este conjunto de mandatos legales, dirigidos a promover un mayor y mejor cumplimiento de los derechos de las empleadas y empleados públicos, el Ministerio de Política Territorial y Administración pública ha promovido la elaboración del presente protocolo en el que se establecen las acciones y procedimientos a seguir para prevenir o evitar, en lo posible, las conductas de acoso sexual y acoso por razón de sexo en los centros de trabajo de la Administración General del Estado y organismos públicos de ella dependientes, que ha sido negociado en la Comisión Técnica de Igualdad y ratificado por la Mesa General de Negociación de la Administración General del Estado (MGNAGE), para su posterior elaboración y tramitación como Real Decreto.

1.3. El acoso sexual y por razón de sexo como actos discriminatorios por razón de sexo

La prohibición de discriminación directa o indirecta por razón de sexo en el acceso al empleo o una vez empleados, se recoge de modo expreso en los arts. 4.2.c) y 17.1 del ET. A la conceptualización de estas conductas, hemos de añadir las definiciones de la Ley Orgánica 3/2007, de 22 de marzo, para la igualdad efectiva de mujeres y hombres (arts. 6 y 8 de la LOI), y, recientemente, de la Ley 15/2022, de 12 de julio, integral para la igualdad de trato y la no discriminación (art. 6).

Tanto el acoso sexual, como el acoso por razón de sexo constituyen dos manifestaciones de discriminación por razón de sexo que tienen como objetivo o consecuencia atentar contra la dignidad de la persona trabajadora, definidos en el art. 7 de la LOI:

> «1. Sin perjuicio de lo establecido en el Código Penal, a los efectos de esta Ley constituye acoso sexual cualquier comportamiento, verbal o físico, de naturaleza sexual que tenga el propósito o produzca el efecto de atentar contra la dignidad de una persona, en particular cuando se crea un entorno intimidatorio, degradante u ofensivo.
> 2. Constituye acoso por razón de sexo cualquier comportamiento realizado en función del sexo de una persona, con el propósito o el efecto de atentar contra su dignidad y de crear un entorno intimidatorio, degradante u ofensivo.
> 3. Se considerarán en todo caso discriminatorios el acoso sexual y el acoso por razón de sexo.
> 4. El condicionamiento de un derecho o de una expectativa de derecho a la aceptación de una situación constitutiva de acoso sexual o de acoso por razón de sexo se considerará también acto de discriminación por razón de sexo».

Las adaptaciones normativas que la regulación de estas figuras ha provocado, ha motivado la reforma de algunos preceptos para procedes a su inclusión: art. 4.2. e) del ET («Al respeto de su intimidad y a la consideración debida a su dignidad, comprendida la protección frente al acoso por razón de origen racial o étnico, religión o convicciones, discapacidad, edad u orientación sexual, y frente al acoso sexual y al acoso por razón de sexo»); art. 54.2.g) del ET (en que se incluye el acoso sexual o por razón de sexo al empresario o a los trabajadores, como causa de despido); y, art. 8.13 bis de la LISOS (en que se incorpora el acoso por razón de sexo, manteniendo el acoso sexual en el art. 8.13).

En cuanto al alcance objetivo del art. 7.1 de la LOI, la definición legal expuesta permite incluir los dos tipos de acoso sexual tradicionalmente diferenciados: **chantaje sexual y acoso ambiental.**

El art. 46 de la LOI contempla la prevención de estos dos tipos de acoso dentro del posible contenido de los planes de igualdad de la empresa. Pero, sobre todo, es el art. 48 de la LOI, el que de manera expresa se dedica a regular las medidas específicas que las empresas deben establecer, en colaboración con los representantes de los trabajadores, tanto a fin de evitar el acoso sexual y el acoso por razón de sexo, como de cara a dar cauce a las posibles denuncias o reclamaciones. (SJS-León n.º 500/2019, de 26 de noviembre de 2019, ECLI:ES:JSO:2019:5455).

Por último, aparte de que la erradicación de ambos tipos de acoso se contempla como **criterio general de actuación de los poderes públicos** (art. 14.5 de la LOI), resulta de interés remarcar cómo la LOI exige a las Administraciones públicas, a través de sus Servicios de Salud y órganos competentes, considerar el acoso sexual y el acoso por razón de sexo «(...) dentro de la protección, promoción y mejora de la salud laboral (...)», con las implicaciones que ello puede tener tanto desde la esfera de la prevención de riesgos, como también desde la perspectivas de las prestaciones de la Seguridad Social [art. 27.3 c) de la LOI y art. 18.9 de la Ley 14/1986, General de Sanidad].

De otra parte, partiendo del art. 54.2. d) del ET, resulta claro que ambos tipos de acoso son incardinables tanto en la causa de despido consistente en el acoso sexual a una persona que trabaja en la empresa, como en la causa consistente en la transgresión de la buena fe contractual, así como que constituyen un abuso de confianza en el desempeño del trabajo, y que son hechos de la suficiente gravedad, como para dar lugar a la sanción de despido, amparada en el texto estatutario y los artículos correlativos del Convenio Colectivo aplicable.

RESOLUCIONES RELEVANTES

STC n.º 224/1999, de 13 de diciembre, ECLI:ES:TC:1999:224

Define el *acoso sexual ambiental* como una conducta de tal talante por medio de un comportamiento físico o verbal manifestado, en actos, gestos o palabras, un comportamiento que además se perciba como indeseado e indeseable por su víctima o destinataria, y que, finalmente, sea grave, capaz de crear un clima radicalmente odioso e ingrato, gravedad que se erige en elemento importante del concepto.

STC n.º 136/2001, de 18 de junio, ECLI:ES:TC:2001:136

Reitera que es deber de quien alega la lesión el de aportar los indicios de violación de un derecho fundamental, sin que baste la mera afirmación de la discriminación, y que los presupuestos sobre los que se asienta la doctrina constitucional para la existencia de acoso sexual son la objetividad y la gravedad del comportamiento.

STSJ de Andalucía n.º 770/2018, de 22 de marzo de 2018, ECLI:ES:TSJAND:2018:7532

El acoso sexual fuera del centro y tiempo de trabajo no justifica el despido. El acoso sexual, como modalidad agravada de las ofensas verbales o físicas al empresario o a las personas que trabajan en la empresa, parte del propio ámbito laboral como causa y lugar de realización de las conductas, de modo que mediante el aprovechamiento de dicho espacio de convivencia o con ocasión de las relaciones personales que se producen en el mismo, se efectúan conductas atentatorias contra la integridad sexual del empresario u otros trabajadores, ya sea mediante la utilización de expresiones o propuestas libidinosas o la realización de tocamientos o actos lúbricos no consentidos. Dado que los hechos relatados en la carta de despido, castigados con falta muy grave, han tenido lugar fuera del ámbito laboral, en atención al momento y lugar en el que constan producidos, en la vía pública a primera hora de la mañana y tras dejar la trabajadora a su hijo en el colegio, no existe relación temporal o espacial entre la conducta vejatoria del demandante y la relación laboral compartida, al margen, como se pone de manifiesto en la sentencia impugnada, del mero conocimiento entre ambos generado en el centro de trabajo, sin que pueda deducirse de dicha sola circunstancia que la referida extralimitación tuvo lugar con ocasión del trabajo o con aprovechamiento de la prestación laboral.

1.4. Tipos de acoso sexual y otros acosos de carácter discriminatorio en el trabajo

1.4.1. Tipos de acoso sexual

Como hemos analizado, existen distintos tipos de **acoso sexual** cuyos elementos esenciales resultan diferentes: el **chantaje sexual o de intercambio** *(quid pro quo)* y el **ambiental**. El art. 7.1 de la LOI define estos dos tipos de acoso sexual diferenciando:

- **Chantaje sexual**, relativo a los supuestos en que el sujeto activo del acosos –persona con poder sobre la víctima– condiciona un determinado derecho o beneficio a la realización de un acto de contenido sexual –por ej., el acceso y mantenimiento del empleo, el reconocimiento de una condición laboral, etc...–; en este caso, su inclusión en la norma se justifica no sólo por quedar dentro de la definición de acoso sexual del art. 7.1 de la LOI, sino también por la previsión del art. 7.4 LOI, que califica como acto de discriminación por razón de sexo «(...) el condicionamiento de un derecho o de una expectativa de derecho a la aceptación de una situación constitutiva de acoso sexual o de acoso por razón de sexo se considerará también acto de discriminación por razón de sexo (...)».

- **Acoso sexual ambiental**, referido a supuestos en que el sujeto activo crea un entorno desagradable, intimidatorio u ofensivo para la víctima, sin existir un condicionamiento o repercusión sobre el disfrute de derechos o beneficios, p.ej., compañeros de trabajo que efectúan requerimientos sexuales, piropos, comentarios obscenos o relativos a la vida íntima; en este supuesto, el comportamiento descrito claramente encuentra encaje en el inciso del art. 7.1 de la LOI que califica la conducta de acoso sexual, «(...) en particular cuando se crea un entorno intimidatorio, degradante u ofensivo (...)».

CUESTIÓN

¿Cuáles son las diferencias entre el Chantaje sexual y el acoso sexual ambiental?

El chantaje sexual implica, por tanto, un comportamiento por parte del sujeto ofensor consistente en la amenaza de un mal o en el anticipo de la no consecución de un bien, si el trabajador / la trabajadora no accede a un determinado requerimiento dirigido a la satisfacción sexual del ofensor.

El *acoso ambiental* supone un tipo de comportamiento de intensidad y características diferentes, puesto que viene definido básicamente por sus efectos, a saber, la configuración de un ambiente hostil o intimidatorio como consecuencia de conductas de contenido sexual.

Así, el chantaje sexual, una vez constatado, raramente requerirá la concurrencia de comportamientos repetitivos y continuados en el mismo sentido para entender que constituye acoso sexual. En cambio, el acoso ambiental parte, por definición, de una situación instalada con carácter de permanencia o continuidad en la empresa, que es lo que termina por constituir dicho ambiente laboral como intimidatorio u hostil. **(STSJ de la Com. Valenciana n.º 1099/2004, de 7 de abril de 2004, ECLI:ES:TSJCV:2004:1840).**

Ciertamente ello no significa que para que concurra acoso ambiental siempre resulte necesaria una conducta repetitiva y la creación de un ambiente permanentemente hostil, puesto que determinados comportamientos de particular gravedad en la empresa (por ejemplo, al extremo, los constitutivos de delitos contra la libertad sexual) permitirían sin duda en el ámbito estrictamente contractual la aplicación del correspondiente despido disciplinario aunque se hubieran producido en, tan solo, una ocasión.

Pero en la mayoría de las ocasiones, la particular gravedad del comportamiento constitutivo de acoso sexual ambiental requerirá la existencia de una conducta repetitiva, a veces explícita, a veces implícita, a veces más intensa, a veces menos. Incluso la creación de un ambiente intimidatorio u hostil se puede producir para los sujetos pasivos con la simple presencia del sujeto ofensor o con la simple posibilidad de que se presente o se acerque. En este tipo de contextos laborales el efecto intimidatorio se puede presentar con gestos, insinuaciones o palabras que, aisladamente, podrían incluso carecer de contenido sexual, pero enmarcados en un ambiente determinado, pueden recordar al sujeto pasivo momentos previos de mayor gravedad o hacerle anticipar que pudieran repetirse.

La **discriminación por razón de sexo** comprende aquellos tratamientos peyorativos que se fundan, no solo en la pura y simple constatación del sexo de la víctima, sino que también engloba estos mismos tratamientos cuando se funden en la concurrencia de condiciones o circunstancias que tengan con el sexo de la persona una relación de conexión directa e inequívoca El empresario está obligado a no acosar y también a proteger a los trabajadores del acoso de terceras personas en el marco de la relación laboral, adoptando medidas preventivas y, ya producido el acoso, reparadoras. En caso de incumplimiento se despliega un abanico de responsabilidades empresariales, de entre ellas destaca la infracción muy grave que recoge el art. 8.13 bis

LISOS para los supuestos de acosos discriminatorios –incluido el acoso por razón de sexo–, con independencia de quien sea el sujeto activo del mismo.

En el acoso por razón de sexo, este comportamiento está relacionado con el sexo de una persona y, en el acoso sexual, el comportamiento puede ser verbal, no verbal o físico y, siempre de índole sexual. **(STSJ Andalucía n.º 2377/2017, de 6 de septiembre de 2017, ECLI:ES:TSJAND:2017:8544).**

De otra parte, partiendo del art. 54.2. d) del ET, resulta claro que ambos tipos de acoso son incardinables tanto en la causa de despido consistente en el acoso sexual a una persona que trabaja en la empresa, como en la causa consistente en la **transgresión de la buena fe contractual,** así como que constituyen un **abuso de confianza en el desempeño del trabajo,** y que son hechos de la suficiente gravedad, como para dar lugar a la sanción de despido, amparada en el texto estatutario y los artículos correlativos del convenio colectivo aplicable.

A modo de **ejemplo:**

Suponen conductas constitutivas de **acoso sexual** (Protocolo para la prevención y actuación en los casos de acoso del Convenio colectivo estatal del sector de industrias cárnicas. BOE 28/08/201):

- Conductas de carácter ambiental: que crean un entorno laboral intimidatorio, hostil o humillante, no siendo necesario que exista una conexión directa entre la acción y las condiciones de trabajo.
- Conductas físicas de naturaleza sexual que pueden ir desde tocamientos innecesarios hasta un acercamiento físico excesivo o innecesario. Agresiones físicas.
- Conducta verbal de naturaleza sexual como insinuaciones sexuales molestas, proposiciones, flirteos ofensivos, comentarios e insinuaciones obscenas, llamadas telefónicas indeseadas; bromas o comentarios sobre la apariencia sexual; agresiones verbales deliberadas.
- Conducta no verbal de naturaleza sexual, como exhibir fotos de contenido sexual o pornográfico o materiales escritos de tipo sexual o miradas con gestos impúdicos. Cartas o mensajes de correo electrónico, sms, *WhatsApp* o por medio de redes sociales de carácter ofensivo y de contenido sexual.
- Conductas de intercambio: pueden ser tanto proposiciones o conductas realizadas por un superior jerárquico o persona de la que pueda depender la estabilidad del empleo o la mejora de las condiciones de trabajo, como las que provengan de compañeros/as o cualquier otra persona relacionada con la víctima por causa de trabajo, que implique contacto físico, invitaciones persistentes, peticiones de favores sexuales, etc.

Conductas constitutivas de **acoso por razón de sexo y/o discriminatorio:**

Entre otras:

- Aquellas que supongan un trato voluntariamente desfavorable hacia la persona, relacionado con el embarazo o la maternidad o paternidad.

– Las medidas organizacionales ejecutadas en función del sexo, o cualquier otra circunstancia enumerada en el apartado anterior, de una persona, con fines degradantes (exclusión, aislamiento, evaluación no equitativa del desempleo, asignación de tareas degradantes).

– Comportamientos, conductas o prácticas que se tomen en función del sexo de una persona o cualquier otra circunstancia enumerada en el apartado anterior, de forma explícita o implícita y que tengan efecto sobre el empleo o las condiciones de trabajo.

– Ridiculizar a personas porque las tareas que asumen no se ajustan a su rol o estereotipo impuesto cultural o socialmente.

– Chistes, burlas que ridiculicen el sexo, el origen racial o étnico, la religión o convicciones, la discapacidad, la edad o la orientación sexual o cualquier otra condición o circunstancia personal o social.

– Menospreciar el trabajo y la capacidad intelectual de las personas por las circunstancias recogidas en el apartado anterior.

– Críticas a la nacionalidad, actitudes y creencias políticas o religiosas, vida privada, etc.

RESOLUCIONES RELEVANTES

STSJ de Madrid n.º 47/2023, de 26 de enero de 2023, ECLI:ES:TSJM:2023:700

Habiendo activado la empresa el protocolo de acoso sexual, se valida el despido de un trabajador que acosar a una compañera mediante llamadas y mensajes de WhatsApp.

«(...) se declara como probado la comisión de unos presuntos actos de acoso sexual contra una trabajadora que prestaba servicios para la demandada en base a la transcripción de unos mensajes de WhatsApp que aportó la trabajadora al expediente sancionador tramitado por la empresa, y esos mensajes fueron impugnados porque los presuntos testimonios de la trabajadora no han sido ratificados ni sujetos a contradicción en el acto de juicio».

STSJ de Asturias n.º 2479/2022, de 29 de noviembre de 2022, ECLI:ES:TSJAS:2022:3575

El TSJ diferencia entre acoso sexual y acoso por razón de sexo en el ámbito laboral. La trabajadora fue víctima de acoso sexual soportando peticiones explícitas de índole sexual persistente en el tiempo. Se fija una indemnización adicional en concepto de daño moral de 60.000 euros.

«Se considera acoso sexual 'cualquier comportamiento, verbal o físico, de naturaleza sexual que tenga el propósito o produzca el efecto de atentar contra la dignidad de una persona, en particular cuando se crea un entorno intimidatorio, degradante u ofensivo', mientras que el acoso por razón de sexo es 'cualquier comportamiento realizado en función del sexo de una persona, con el propósito o el efecto de atentar contra su dignidad y de crear un entorno intimidatorio, degradante u ofensivo'».

STC n.º 224/1999, de 13 de diciembre, ECLI:ES:TC:1999:224

Define el *acoso sexual ambiental* como una conducta de tal talante por medio de un comportamiento físico o verbal manifestado, en actos, gestos o palabras, un comportamiento que además se perciba como indeseado e indeseable por su víctima o destinataria, y que, finalmente, sea grave, capaz de crear un clima radicalmente odioso e ingrato, gravedad que se erige en elemento importante del concepto.

STC n.º 136/2001, de 18 de junio, ECLI:ES:TC:2001:136

Reitera que es deber de quien alega la lesión el de aportar los indicios de violación de un derecho fundamental, sin que baste la mera afirmación de la discriminación, y que los presupuestos sobre los que se asienta la doctrina constitucional para la existencia de acoso sexual son la objetividad y la gravedad del comportamiento.

STSJ de Andalucía n.º 770/2018, de 22 de marzo de 2018, ECLI:ES:TSJAND:2018:7532

El acoso sexual fuera del centro y tiempo de trabajo no justifica el despido. El acoso sexual, como modalidad agravada de las ofensas verbales o físicas al empresario o a las personas que trabajan en la empresa, parte del propio ámbito laboral como causa y lugar de realización de las conductas, de modo que mediante el aprovechamiento de dicho espacio de convivencia o con ocasión de las relaciones personales que se producen en el mismo, se efectúan conductas atentatorias contra la integridad sexual del empresario u otros trabajadores, ya sea mediante la utilización de expresiones o propuestas libidinosas o la realización de tocamientos o actos lúbricos no consentidos. Dado que los hechos relatados en la carta de despido, castigados con falta muy grave, han tenido lugar fuera del ámbito laboral, en atención al momento y lugar en el que constan producidos, en la vía pública a primera hora de la mañana y tras dejar la trabajadora a su hijo en el colegio, no existe relación temporal o espacial entre la conducta vejatoria del demandante y la relación laboral compartida, al margen, como se pone de manifiesto en la sentencia impugnada, del mero conocimiento entre ambos generado en el centro de trabajo, sin que pueda deducirse de dicha sola circunstancia que la referida extralimitación tuvo lugar con ocasión del trabajo o con aprovechamiento de la prestación laboral.

STSJ de Andalucía n.º 770/2018, de 22 de marzo de 2018, ECLI:ES:TSJAND:2018:7532.

El acoso sexual fuera del centro y tiempo de trabajo no justifica el despido.

«En suma, las ofensas, y como supuesto agravado de las mismas el propio acoso sexual, deben producirse en el contexto de la relación laboral, puesto que si se producen fuera del lugar de trabajo y sin relación con el mismo el empresario carece de legitimación para utilizar su poder disciplinario, que únicamente deriva del contrato de trabajo y tiene por objeto proteger sus específicos intereses como empleador.

En el presente caso, en atención al momento y lugar en el que constan producidos los hechos relatados en la carta de despido, a saber, en la vía pública a primera hora de la mañana y tras dejar la trabajadora a su hijo en el colegio, no existe relación temporal o espacial entre la conducta vejatoria del demandante y la relación laboral compartida, al margen, como se pone de manifiesto en la sentencia impugnada, del mero conocimiento entre ambos generado en el centro de trabajo, sin que pueda deducirse de dicha sola circunstancia que la referida extralimitación tuvo lugar con ocasión del trabajo o con aprovechamiento de la prestación laboral».

CUESTIONES

1. ¿Qué requisitos son necesarios para la existencia de acoso sexual en el ámbito laboral?

Las conductas constitutivas de acoso sexual pueden ser muy variadas y de distinta intensidad. En ocasiones, nos encontraremos ante un solo episodio, pero de suficiente intensidad y gravedad como para merecer esta calificación, y en otras se dará una repetición de la misma o de distintas conductas. Podemos estar ante conductas de carácter verbal o físicas, con muy distinta tipología, como pueden ser miradas y gestos, realizar observaciones de doble sentido o insinuantes, bromas, mostrar material pornográfico, realizar propuestas comprometedoras, manoseo, roces, solicitud de besos, propuestas de relaciones sexuales, abuso o agresión sexual, violencia física, etc. *(SJS- A Coruña n.º 23/2017, de 23 de enero, ECLI:ES:JSO:2017:1)*.

2. ¿Qué conductas pueden ser calificadas como acoso por razón de sexo?

Dentro de la tipología de acoso por razón de sexo entrarían conductas como:

- Uso de conductas discriminatorias por el hecho de ser mujer u hombre.

- Bromas y comentarios sobre las personas que asumen tareas que tradicionalmente han sido desarrolladas por personas del otro sexo.

- Uso de formas denigrantes u ofensivas para dirigirse a personas de un determinado sexo.

- Utilización de humor sexista.

- Ridiculizar y despreciar las capacidades, habilidades y potencial intelectual de las mujeres.

- Realizar las conductas anteriores con personas lesbianas, gays, transexuales o bisexuales.

- Asignar tareas o trabajos por debajo de la capacidad profesional o competencias de la persona.

- Trato desfavorable por razón de embarazo o maternidad.

- Conductas explícitas o implícitas dirigidas a tomar decisiones restrictivas o limitativas sobre el acceso de la persona al empleo o a su continuidad en el mismo, a la formación profesional, las retribuciones o cualquier otra materia relacionada con las condiciones de trabajo.

1.4.2. Acoso laboral o *mobbing*

De forma resumida la jurisprudencia define el *mobbing* o acoso laboral como aquella situación en la que una persona o grupo de personas ejerce una violencia psicológica extrema de forma sistemática y recurrente durante un tiempo prolongado sobre otra persona o personas sobre las que mantiene una relación asimétrica de poder en el lugar de trabajo, con la finalidad de destruir las redes de comunicación de la víctima o víctimas, destruir su reputación, perturbar el ejercicio de sus labores y lograr que finalmente esa persona o personas acaben abandonando el lugar de trabajo.

Asimismo, se entiende que para estar ante un supuesto de acoso moral han de concurrir las siguientes circunstancias **(STSJ Canarias n.º 57/2014, de 20 de marzo de 2014, ECLI:ES:TSJICAN:2014:716)**:

«a) Comportamientos negativos graves contra el trabajador afectado;

b) Prolongados a lo largo del tiempo;

c) Provocados por los compañeros y/o superiores, colectiva o individualmente;

d) Que repercutan sobre el trabajador afectado mediante dolencias físicas o psicológicas;

e) Que su finalidad última sea que el trabajador afectado dimita de su puesto de trabajo».

Por tanto, cuando hablamos de acoso *(mobbing)*, éste puede no ser necesariamente jerárquico. Puede ser del «poderoso» al «débil», del «débil» al «poderoso», o entre trabajadores del mismo rango jerárquico, siendo las formas de expresión más comunes **(STSJ Andalucía n.º 2963/2011, de 3 de noviembre, ECLI:ES:TSJAND:2011:10789)**:

– **Acoso descendente**: cuando quien acosa ocupa un cargo superior a la presunta víctima.

– **Acoso horizontal**: en casos en los que se produce entre personas del mismo nivel jerárquico.

– **Acoso ascendente**: cuando quien acosa es una persona que ocupa un puesto de inferior nivel jerárquico respecto del de la presunta víctima de acoso.

Es difícil distinguir el acoso laboral y por razón de sexo, si ambas afectan a la dignidad de la persona, pero la nota diferencial del acoso discriminatorio es la presencia del móvil discriminatorio, es decir, un trato peyorativo y segregador directamente relacionado con el rasgo o factor de discriminación rechazado por el derecho (aquí el sexo). (STSJ de Murcia, rec. 1018/2008, de 12 de enero de 2009).

Sin embargo, la jurisprudencia ha destacado que no puede considerarse como *mobbing* cualquier relación de conflicto que surja entre empresario y trabajador, sino que deberán concurrir unas determinadas «circunstancias» de acosamiento moral e intención de aniquilamiento psicológico del trabajador para que pueda entenderse tal conducta como de acoso moral en el trabajo. Así, la mera discrepancia entre el trabajador y su jefe no es constitutivo de conductas de hostigamiento psicológico o acoso moral. El «enrarecimiento» del entorno de trabajo por una deficiente relación con algún compañero de trabajo o con un superior, entendido ello como una relación no fluida o incluso con ciertos roces propios de la divergencia de opiniones y métodos de trabajo, por otra parte propia de un entorno como es el laboral, en el que los miembros de la «comunidad de trabajo» constituida en su seno se hallan en cierta manera «obligados» a convivir pacíficamente en un clima de respeto mutuo pero que no necesariamente excluye la existencia de ocasionales discusiones, malentendidos, discrepancias, etc. que no pueden identificarse con un clima hostil deliberadamente impuesto y dirigido contra un trabajador en particular con objeto de infligirle algún tipo de menoscabo o cuando menos con una gran probabilidad de que ello se produzca. **(STSJ Cataluña n.º 3171/2003, de 19 de mayo de 2003, ECLI:ES:TSJCAT:2003:6075)**.

Dentro de esta categoría encontramos ejemplos como:

– Ataques mediante medidas adoptadas contra la víctima: el superior le limita las posibilidades de comunicarse, le cambia la ubicación separándole de sus compañeros, se juzga de manera ofensiva su trabajo, se cuestionan sus decisiones.

– Ataque mediante aislamiento social.

– Ataques a la vida privada.

– Agresiones verbales, como gritar o insultar, criticar permanentemente el trabajo de esa persona.

– Rumores: criticar y difundir rumores contra esa persona. (STSJ Madrid, de 24 de septiembre de 2002, ECLI:ES:TSJM:2002:12055).

Tomado como referencia el **criterio técnico 69/2009 sobre las actuaciones de la Inspección de Trabajo y Seguridad Social en materia de acoso y violencia en el trabajo,** son conductas consideradas como acoso laboral:

– Dejar al trabajador de forma continuada sin ocupación efectiva, o incomunicado, sin causa alguna que lo justifique.

– Dictar órdenes de imposible cumplimiento con los medios que al trabajador se le asignan.

– Ocupación en tareas inútiles o que no tienen valor productivo.

– Acciones de represalia frente a trabajadores que han planteado quejas, denuncias o demandas frente a la organización, o frente a los que han colaborado con los reclamantes.

– Insultar o menospreciar repetidamente a un trabajador.

– Reprenderlo reiteradamente delante de otras personas.

– Difundir rumores falsos sobre su trabajo o vida privada.

Por el contrario, no supone acoso laboral (sin perjuicio de que puedan ser constitutivas de otras infracciones):

– Modificaciones sustanciales de condiciones de trabajo sin causa y sin seguir el procedimiento legalmente establecido.

– Presiones para aumentar la jornada o realizar determinados trabajos.

– Conductas despóticas dirigidas indiscriminadamente a varios trabajadores.

– Conflictos durante las huelgas, protestas, etc.

– Ofensas puntuales y sucesivas dirigidas por varios sujetos sin coordinación entre ellos.

– Amonestaciones sin descalificar por no realizar bien el trabajo.

– Conflictos personales y sindicales.

Posibles responsabilidades empresariales

Según la entidad y circunstancias de cada caso, la realización de conductas constitutivas de acoso sexual o acoso por razón de sexo podrá dar lugar a la exigencia de los distintos tipos de responsabilidades:

1. Responsabilidad disciplinaria: la empresa como responsable de la garantía de la salud de sus empleados procurará, dentro del ejercicio de sus competencias, que se hagan efectivas las responsabilidades derivadas de las situaciones de acoso, especialmente en lo relativo a la responsabilidad disciplinaria.

2. Responsabilidad penal: el delito de acoso sexual, regulado en el artículo 184 del Código Penal, se encuentra penado con una pena de prisión de 6 a 12 meses, o multa de 10 a 15 meses, siendo la competencia para su apreciación, así como para el establecimiento de las penas correspondientes, de los órganos judiciales que resulten competentes de acuerdo con lo previsto por la Ley de Enjuiciamiento Criminal. Si el culpable de acoso sexual hubiera cometido el hecho prevaliéndose de una situación de superioridad laboral, docente o jerárquica, o sobre persona sujeta a su guarda o custodia, o con el anuncio expreso o tácito de causar a la víctima un mal relacionado con las legítimas expectativas que aquella pueda tener en el ámbito de la indicada relación, la pena será de prisión de 1 a 2 años e inhabilitación especial para el ejercicio de la profesión, oficio o actividad de 18 a 24 meses.

3. Responsabilidad administrativa: la existencia de acoso supone la posibilidad de las víctimas de denunciar ante la autoridad administrativa laboral, unos hechos que podrán dar lugar al levantamiento de acta de infracción por parte de la Inspección de Trabajo y Seguridad Social. A pesar de las dudas que pueda suscitar la actividad inspectora cuando el acosador/a no sea el empresario, no debemos olvidar que cualquier vertiente del acoso en el ámbito laboral supone la vulneración de un derecho fundamental, calificado como **falta muy grave** por la Ley sobre Infracciones y Sanciones en el Orden Social (LISOS):

«Artículo 8. Infracciones muy graves.

13. El acoso sexual, cuando se produzca dentro del ámbito a que alcanzan las facultades de dirección empresarial, cualquiera que sea el sujeto activo de la misma.

13 bis. El acoso por razón de origen racial o étnico, religión o convicciones, discapacidad, edad y orientación sexual y el acoso por razón de sexo, cuando se produzcan dentro del ámbito a que alcanzan las facultades de dirección empresarial, cualquiera que sea el sujeto activo del mismo, siempre que, conocido por el empresario, éste no hubiera adoptado las medidas necesarias para impedirlo».

Del mismo modo, las empresas cometerán infracciones administrativas sobre protección de datos cuando se vulnere la privacidad de la víctima (o agresor/a) en la tramitación de las denuncias a modo interno.

4. Responsabilidad civil, derivada de daños materiales o daños morales. Reiterada jurisprudencia ha abordado las repercusiones de la ausencia de prevención contra estas acciones por parte empresarial (art. 4 de la LPRL) frente a la necesidad de reparación íntegra del daño causado en base de la responsabilidad civil. (STS, rec. 513/2006, de 17 de julio de 2007, ECLI:ES:TS:2007:6502).

A TENER EN CUENTA. Ante la constatación de acoso en el ámbito laboral la empresa únicamente quedará exonerada de responsabilidad administrativa cuando acredite disponer de una política antiacoso que cumpla los requerimientos legales. «Eso quiere decir que la responsabilidad exigida a la empresa no es por el hecho que se haya producido un acoso en su organización, sino que conociendo la existencia de un posible caso de acoso no haya hecho nada para investigarlo e impedirlo». (Protocolo para la prevención y abordaje del acoso sexual y por razón de sexo en la empresa. Consejo de RR.LL de Cataluña).

Culpa *in vigilando*: responsabilidad subsidiaria de la empresa

El acoso laboral significa, como su nombre indica, que el delito se produjo en el ámbito empresarial. No es raro encontrar procesos judiciales por acoso de un compañero, que terminan en responsabilidad civil subsidiaria sobre las posibles indemnizaciones a la víctima cuando la empresa no ha implantado los controles necesarios para evitar este tipo de conductas.

Distinta jurisprudencia del Tribunal Supremo (entre muchas **STS n.º 569/2012, de 27 junio, ECLI:ES:TS:2012:5078**) ha analizado la posible responsabilidad en base al principio de derecho según el cual, quien obtiene beneficios de un servicio que se le presta por otro, debe soportar también los daños ocasionados por el mismo (principio *cuius commoda, eius est incommoda*). Para el TS, la existencia de culpa *in eligendo* e *in vigilando* se da cuando concurran los siguientes elementos (**STS n.º 700/2020, de 16 de diciembre de 2020, ECLI:ES:TS:2020:4332**):

a) Existencia de una relación de dependencia entre el autor del ilícito penal y el principal, ya sea persona jurídica o física, bajo cuya dependencia se encuentre, sin que sea preciso que la misma tenga carácter jurídico, sea retribuida o permanente, bastando que la actividad así desarrollada cuente con la anuencia o conformidad del principal, sin que por tanto la dependencia se identifique con la jerárquica u orgánica siendo suficiente la meramente funcional.

b) Que el delito que genera la responsabilidad se haya inscrito dentro del ejercicio, normal o anormal, de las funciones así desarrolladas por el infractor, perteneciendo a su ámbito de actuación.

La inexistencia del establecimiento de controles a los empleados supondrá el primer módulo para declarar la responsabilidad civil subsidiaria de la empresa, por lo que la existencia de protocolos y el cumplimiento de la normativa en la materia resulta fundamental.

Como sentencia de interés destacamos la **STS n.º 830/2014, de 28 de noviembre de 2014, ECLI:ES:TS:2014:5203**, donde el Alto Tribunal es claro:

> «(...) lo relevante es que la persona elegida para desempeñar una determinada función actúe delictivamente precisamente en el ejercicio de dichas funciones (culpa in eligendo), y las desarrolle con infracción de las normas penales sin que los sistemas ordinarios de control interno de la empresa los detecte (culpa in vigilando)».
>
> «Además, en el caso enjuiciado, no puede decirse que la acción delictiva fuera puntual o episódica, sino más bien muy prolongada en el tiempo, lo que significa que cualquier tipo de control brilló por su ausencia».
>
> «(...) No estamos juzgando la responsabilidad penal de la persona jurídica, cuyos controles para su activación han de ser más rigurosos, sino estamos declarando un aspecto meramente civil, cual es la responsabilidad civil subsidiaria, que por tal carácter, deberá recaer directa y principalmente sobre el acusado Pedro Enrique y tras su insolvencia en su principal, al no haberse implantado los controles necesarios para evitar este tipo de

conductas en la empresa, estando justificada tal responsabilidad civil no solamente en los principios clásicos de la falta "in eligendo" o "in vigilando", sino en la responsabilidad objetiva por la que esta Sala Casacional camina incesantemente para procurar la debida protección de las víctimas en materia de responsabilidad civil subsidiaria"».

RESOLUCIONES RELEVANTES

STSJ de Madrid n.º 6/2020, de 8 de enero de 2020, ECLI:ES:TSJM:2020:1541

«(...) la conclusión valorativa, en base a la definición de acoso laboral contenida en el Protocolo de aplicación, se determina que el comportamiento del denunciado ha podido constituir situaciones de acoso psicológico o moral hacia el denunciante, ya que, bajo la apariencia de bromas o actitudes jocosas se han consentido comportamientos inaceptables en el marco de una relación de trabajo, que no debieron tener lugar en ningún momento, pero de manera especial desde que el denunciante advirtió a su superior y al denunciado de que esas conductas le afectaban».

STSJ de Madrid n.º 484/2005, de 14 de junio, ECLI:ES:TSJM:2005:7065

«1) El bien jurídico protegido, que no es otro sino el derecho a la dignidad personal del trabajador, de ahí su directo enlace con el derecho constitucional tutelado en el art. 15 CE.

2) La forma en que se produce la lesión de ese derecho, lo que implica por parte del sujeto activo (empresario u otros trabajadores compañeros del ofendido) una conducta caracterizada por:

a) un acoso u hostigamiento a un trabajador mediante cualquier conducta vejatoria o intimidatoria de carácter injusto;

b) reiteración en el tiempo de dicha conducta, siguiendo una unidad de propósito;

c) perseguir una finalidad consistente de modo específico en minar psicológicamente al acosado, logrando así de modo efectivo algún objetivo que de otro modo no hubiera conseguido el acosador (...)».

1.4.3. Acoso psicológico o moral

La doctrina utiliza indistintamente los términos acoso «moral» o «psicológico» en el trabajo, y se ha dicho que el primero es más amplio que el segundo al englobar también comportamientos que no tienen carácter psicológico, que no se dirigen a la esfera psicológica o mental del individuo; sin embargo, se trata sólo de una cuestión semántica a la que no debe dársele mayor importancia. En el concepto del acoso en el trabajo, con transcendencia en el derecho laboral, se distinguen nítidamente varios elementos **(STSJ León n.º 350/2017, de 25 de julio de 2017, ECLI:ES:JSO:2017:186)**:

«Un elemento material consistente en la conducta de persecución u hostigamiento, sistemático y planificado, injustificados de un sujeto activo –que puede ser (elemento subjetivo): un compañero o compañera de trabajo, acoso horizontal, o un superior, encargado o jefe, acoso vertical llamado en inglés "bossing", o un subordinado, acoso vertical invertido–, a un sujeto pasivo en el marco de una relación de trabajo en sentido amplio.

Dicha conducta de hostigamiento o persecución a que hace referencia el acoso puede revestir múltiples manifestaciones. Así, puede consistir en un maltrato modal o verbal, o estrategias consistentes en aislar, incomunicar o estigmatizar al trabajador, al que se "hace invisible" o en "ningunearle", en atacar y criticar de manera sistemática los trabajos que desempeña, en asignarle trabajo excesivo que no pueda entregar en plazo y que le obligará a un sobre esfuerzo continuado, o en no darle o asignarle ningún tipo de trabajo a pesar de que a sus compañeros se le asignen, en retirarle los instrumentos de trabajo que antes disponía –así ordenador, teléfono, etc.–, en atacar sus convicciones o valores éticos personales o en una crítica demoledora hacia su vida privada o familiar.

En muchas ocasiones se intenta liquidar la imagen o reputación profesional o social de la víctima expandiendo a su alrededor rumores falsos, siendo frecuentes las maniobras para 'envenenar' a los compañeros de trabajo contra la víctima mediante muy sutiles manipulaciones, etc., siendo frecuentemente los propios compañeros de trabajo 'testigos mudos' por temor a represalias. Todo ello ha venido a describirse como 'intimidación psicológica'.

Un elemento temporal o habitualidad, de modo que se precisa que la conducta hostil desplegada sea sistemática y reiterada en el tiempo; por ello en el concepto de mobbing va ínsita la gravedad, no hay verdadero mobbing, a nuestro entender, que no tenga cierta gravedad', con una frecuencia por lo menos semanal durante un prolongado lapso de tiempo (se habla de un mínimo de seis meses)».

Las motivaciones para desencadenar contra un trabajador el *mobbing* suelen ser variadas:

– Crear la justificación para un despido para el que no hay argumentos sólidos,

– desplazar a la víctima para poner en su lugar a otro trabajador que la sustituirá,

– forzarla a un abandono ilícito, mediante chantaje o amenaza, de su puesto de trabajo,

– obligarla mediante todo un asedio a solicitar el traslado o a aceptar una jubilación anticipada, o,

– directamente a ahorrar el coste de la indemnización de un despido improcedente que no se puede o no se quiere desembolsar.

1.4.4. Ciberacoso en el trabajo

Este se define como la amenaza, el hostigamiento, la humillación o la molestia que una persona ejerce sobre otra, haciendo uso para ello de diferentes tecnologías que, a título de ejemplo, pueden ser el correo electrónico, los chats, páginas web, la telefonía móvil, las cámaras digitales, las videoconsolas, etc. De forma más sencilla, se puede considerar como «una agresión psicológica, sostenida y repetida en el tiempo, perpetrada por uno o varios individuos contra otros, utilizando para ello las nuevas tecnologías». [AP Pontevedra n.º 380/2016, de 28 de julio de 2016, ECLI:ES:APPO:2016:1636 (citando a Juan **Pardo Albiach**. «Ciberacoso: cyberbullying, grooming, redes sociales y otros peligros» en *Ciberacoso*, coordinador: Javier **García González**, 2010)].

Así, concluye, para que podamos hablar de ciberacoso deben existir dos elementos superpuestos:

- Que una persona humille, amenace, hostigue o moleste a otra; y,

- Que dicha actitud se produzca (y ahí es donde entra el prefijo «ciber») a través de lo que, comúnmente, llamamos nuevas tecnologías. Además, se debe dar cierta continuidad en las acciones, por lo que un hecho aislado no es ciberacoso; no obstante, sí es cierto que una acción puntual en el entorno virtual del acosado puede suponer un sufrimiento prolongado durante el tiempo (por ejemplo, una determinada imagen colgada en la Red).

Igualmente, la *Guía de actuación contra el ciberacoso*. **INJUVE**, Noviembre de 2013, define este fenómeno como:

> «(...) la acción de llevar a cabo amenazas, hostigamiento, humillación u otro tipo de molestias realizadas por un adulto contra otro adulto por medio de tecnologías telemáticas de comunicación, es decir: Internet, telefonía móvil, correo electrónico, mensajería instantánea, videoconsolas online, etc.».

Llevando este concepto **al uso de las nuevas tecnologías en el ámbito de las relaciones laborales**, resulta complicado definir una posible actuación de las empresas frente a comportamientos de sus personas trabajadoras en internet, aún motivados por los problemas derivados de la actividad laboral (**STSJ Cantabria n.º 51/2019, de 21 de enero de 2019, ECLI:ES:TSJCANT:2019:15**). No obstante, debemos recordar la **STS n.º 699/2017, 21 de septiembre de 2017, ECLI:ES:TS:2017:3592**, donde el TS ha establecido expresamente la posibilidad de que, en supuestos como el analizado, **la empresa puede adoptar las medidas disciplinarias oportunas a pesar de que el trabajador no se encuentra ni en tiempo ni en lugar de trabajo**, al indicar que fuera de horario y lugar de trabajo no existe una bula absoluta para realizar actuaciones que vayan en perjuicio de la empresa, pues hay que considerar que todas ellas están de alguna forma vinculadas a la relación laboral en cuanto redundan directa o indirectamente un perjuicio a la empresa. Baste reparar en **la posibilidad de que dispone el empresario para sancionar determinadas actuaciones del trabajador fuera de horario y lugar de trabajo**, cuando se encuentra en situación de incapacidad temporal, o incurre en comportamientos de competencia desleal, o incluso de otras expresamente tipificadas en el art 54.2 del ET, como son las ofensas verbales o físicas a los familiares que convivan con el empresario o con cualquiera de las personas que trabajan en la empresa, que, en buena lógica, se producirán habitualmente fuera del lugar y horario de trabajo.

CUESTIONES

1. ¿Cuál es la razón de que puedan ser sancionadas este tipo de actuaciones?

Encontrando la respuesta en la STSJ Extremadura n.º 99/2018, de 20 de febrero de 2018, ECLI:ES:TSJEXT:2018:172, por considerarse, en todas ellas, una vinculación a la relación laboral, en cuanto redundan, directa o indirectamente, en perjuicio de la empresa, siquiera sea por la vía de enturbiar el buen ambiente de trabajo que pudieren generar entre los propios trabajadores actitudes como las atinentes a esos casos de ofensas verbales y físicas a los familiares de trabajadores y empresarios.

2. ¿Pueden las empresas instaurar un protocolo sobre uso de redes sociales?

El empresario tiene que informar al empleado de los usos aceptables y no aceptables de internet en el ámbito laboral, por ejemplo mediante políticas, normativas y buenas prácticas. (Decálogo ciberseguridad empresas. Instituto Nacional de Civerseguidad).

Es lícito que la empresa controle la actividad en redes sociales de sus trabajadores (*Facebook, Linkedin, Twitter, Whastapp, Telegram*, etc.) siempre que se trate de perfiles profesionales y siempre que cuente con un protocolo de uso acorde con el código ético de la compañía. No es un protocolo obligatorio impuesto por ninguna normativa salvo lo relatado en el art. 87 de la LOPDGDD relativo al uso de medios electrónicos. Es habitual que se incluya este protocolo dentro del protocolo de uso de medios informáticos por estar íntimamente relacionados.

Como es lógico, la política interna que se profese no podrá ser contraria a lo estipulado en la negociación colectiva, ni con los principios de la LOPDGDD.

El contenido de este protocolo debería ser:

- El fomento de un uso razonable y prudente de las redes sociales como canal de información y participación corporativa, con participación de la empresa.

- La restricción de la información o documentación que se puede compartir en las redes sociales corporativas, de forma que no puedan compartirse ni datos confidenciales de la empresa ni datos vulneradores del derecho a la intimidad de las personas trabajadoras.

- En algún caso se establece la necesidad de contar con autorización previa para publicar comentarios en nombre de la empresa.

- La prohibición de comentarios que puedan afectar negativamente a la empresa.

- La previa autorización de la empresa para crear perfiles que impliquen usar la imagen corporativa de la empresa.

3. ¿Qué puede ocurrir si no contamos con un protocolo sobre el uso de redes sociales?

La empresa podrá disponer de contenidos de las redes sociales para su uso disciplinario, pero si no consta un documento en el que se le informa al trabajador la prueba obtenida podría ser declarada nula por vulnerar el derecho a la intimidad de la persona trabajadora.

RESOLUCIONES RELEVANTES

STSJ de Andalucía, rec. 1309/2016, de 23 de marzo de 2017, ECLI:ES:TSJAND:2017:3905

Acoso moral y sexual mediante RRSS. Se considera procedente el despido del trabajador por comentarios ofensivos de índole sexual a una fotografía publicada por una compañera en la red social *facebook* amparado en el artículo 32.10 del Convenio Colectivo de almacenistas de hierros, tuberías, ceros y material no férreo, aplicable a esta empresa, donde se establece como falta muy grave sancionable con el despido «toda conducta, en el ámbito laboral, que atente gravemente al respeto de la intimidad y dignidad mediante la ofensa, verbal o física, de carácter sexual» y el artículo 54.2 c) del Estatuto de los Trabajadores.

A juicio de la Sala de lo Social, el agresor mediante redes sociales tiene acceso al muro de la cuenta de facebook de la víctima como compañero de trabajo, de modo los comentarios ofensivos y obscenos tuvieron difusión instantánea en la empresa y entre sus compañeros de trabajo, quienes conocían lo sucedido.

El motivo de recurso del trabajador fracasa ya que la relación entre el ofensor y la víctima lo es por la existencia de una común relación de trabajo, en la misma empresa, sin que quepa confundir la existencia de una presunción iuris tantum de laboralidad de los enfrentamientos verbales que se produzcan en el centro de trabajo, con que se produzcan con causa en la relación de trabajo.

En suma, para el TSJ, la propia capacidad de difusión del comentario obsceno y ofensivo por el medio en que se realizó —Facebook— denota la gravedad, de modo que si por ofensas verbales entendemos las expresiones orales o escritas, que implican un desprestigio o humillación moral para la persona que la sufre o recibe, aquí se produjo la conducta sancionada con el despido al bastar con una sola ofensa verbal para justificar la procedencia del despido disciplinario, siempre que se acredite la gravedad y culpabilidad exigibles.

STSJ de Madrid n.º 804/2019, de 19 de julio, ECLI:ES:TSJM:2019:5944

Se ratifica la declaración de procedencia del despido por insultos y comentarios ofensivos difundidos en Twitter hacia la empresa y otros compañeros, atendiendo a la publicación de los mismos desde un perfil público, alguno de ellos, al menos, lanzado en tiempo de trabajo, referidos a una compañera del departamento, «totalmente gratuitos, inapropiados y poco edificantes», ofensivos para algún trabajador de la empresa, incluidos sus directivos, «que son fácilmente identificable por los datos facilitados».

Por supuesto, señala el pronunciamiento, que el demandante es libre de expresar sus ideas y opiniones en las redes sociales, más tal derecho tiene un límite representado por el honor de las personas a las que se refiere y también, en este caso, por el buen nombre de la empresa para la que trabaja.

Incluso el Magistrado a destaca la posibilidad de sanción: «Si la conducta del trabajador coincide con la descripción de las faltas muy graves sancionables con el despido, el juez habrá de declarar que la calificación empresarial es adecuada y no debe rectificar la sanción impuesta pues, de acuerdo con lo dispuesto en el art. 58 ET, corresponde al empresario la facultad de imponer la sanción que estime apropiada, dentro del margen que establezca la norma reguladora del régimen de faltas y sanciones».

1.4.5. Acoso o discriminación asociada al embarazo, la maternidad o la paternidad

La protección de la condición biológica y de la salud de la mujer trabajadora debe ser compatible con la conservación de sus derechos profesionales. La minusvaloración o el perjuicio causado por el embarazo o la maternidad constituyen discriminación directa por razón de sexo.

Por lo que respecta a la protección de la mujer embarazada hay que destacar la Directiva 92/85 CEE del Consejo, de 19 de octubre de 1992, relativa a la aplicación de medidas para promover la mejora de la seguridad y de la salud en el trabajo de la trabajadora embarazada, que haya dado a luz o en período de lactancia, cuyo art. 10 que prohíbe el despido de la mujer embarazada tiene su reflejo en el art. 55.5.º del ET.

«El acoso sexual y el acoso por razón de sexo, así como todo trato desfavorable relacionado con el embarazo, la maternidad, paternidad o asunción de otros cuidados familiares se considera discriminatorio y está expresamente prohibido por la Ley Orgánica 3/2007, de 22 de marzo, para la igualdad efectiva de mujeres y hombres. Tanto el Estatuto de los Trabajadores, como el Estatuto Básico del Empleado Público y la Ley de Infracciones y Sanciones del Orden Social consideran el acoso sexual y el acoso por razón de sexo como infracción muy grave, pudiendo ser causa de despido disciplinario de la persona acosadora y causa justa para que la víctima solicite la resolución del contrato de trabajo». (Instituto de las Mujeres).

Constituye discriminación directa por razón de sexo todo trato desfavorable a las mujeres relacionado con el embarazo o la maternidad. También se considerará discriminación por razón de sexo cualquier trato adverso o efecto negativo que se produzca en una persona como consecuencia de la presentación por su parte de queja, reclamación, denuncia, demanda o recurso, de cualquier tipo, destinados a impedir su discriminación y a exigir el cumplimiento efectivo del principio de igualdad de trato entre mujeres y hombres.

La STJUE de 4 de octubre de 2001 (Asunto Tele Danmark A/S), insiste en el sentido de considerar que el despido de una trabajadora por razón de su embarazo o por una causa basada esencialmente en ese estado sólo puede afectar a las mujeres y, por lo tanto, constituye per se una discriminación basada en el sexo, rechazando, por lo tanto, cualquier género de comparación con un hombre en una situación de incapacidad laboral por razones médicas, manifestando que el embarazo no es de ningún modo comparable con una situación patológica, ni a fortiori a una indisponibilidad de origen no médico, situaciones que si pueden motivar el despido de una mujer sin constituir despido discriminatorio por razón del sexo.

La discriminación refleja ocurre cuando una persona es tratada de forma menos favorable por su vinculación o asociación con otra que posee características protegidas, aunque no las posea ella misma. Esta figura, o nueva vertiente de origen judicial —proveniente del art. 2.e) del Real Decreto Legislativo 1/2013, de 29 de noviembre, por el que se aprueba el Texto Refundido de la Ley General de derechos de las personas con discapacidad y de su inclusión social, se ha considerado, por ejemplo, en el despido de un trabajador tras comunicar su futura paternidad a la empresa. **(STSJ de Galicia n.º 1584/2021, de 16 de abril 2021, ECLI:ES:TSJGAL:2021:1431).**

JURISPRUDENCIA

STS, rec. 1957/2007, de 17 de Octubre de 2008, ECLI:ES:TS:2008:6593

Se considera nulo el despido, no justificado, de una trabajadora embarazada. Resumiendo la doctrina del Tribunal Constitucional (Sentencia Constitucional n.º 92/2008, de 21 de julio de 2008, ECLI:ES:TC:2008:92), la Sala IV considera que el despido de mujeres embarazadas, salvo que resulte justificado y procedente, debe ser calificado como nulo.

1.4.6. Acoso o violencia de género en el ámbito laboral

La discriminación de las mujeres y la violencia de género, incluye aquellas conductas consistentes en la solicitud de favores de naturaleza sexual, para sí o para una tercera persona, en las que el sujeto activo se valle de una situación de superioridad laboral, docente o análoga, con el anuncio expreso o tácito a la mujer de causarle un mal relacionado con las expectativas que la víctima tenga en el ámbito de la dicha relación, o bajo la promesa de una recompensa o de un premio en el ámbito de esta («¿Qué es la violencia de género». Xunta de Galicia. *Consellería de Emprego e Igualdade*). Es decir, **se consideran manifestaciones de violencia de género contra las mujeres el acoso sexual y el acoso por razón de sexo.**

El Criterio Técnico de la Inspección de Trabajo n.º 69/2009 sobre actuaciones de la Inspección de Trabajo y Seguridad Social en materia de acoso y violencia en el trabajo considera infracción en materia de prevención la ausencia de evaluación y de adopción de medidas preventivas de la violencia de género en el ámbito laboral.

En los casos de violencia de género, constatada conforme a lo dispuesto en la Ley Orgánica 1/2004, de 28 de diciembre, de Medidas de Protección Integral contra la Violencia de Género, la trabajadora tendrá una serie de derechos, que, por lo general, suelen ser reforzados por los Planes de igualdad y Protocolos antiacoso:

- **Suspensión del contrato de trabajo para víctimas de violencia de género**. El art. 45.1 n) del ET, establece el derecho a suspensión del contrato de trabajo por decisión de la trabajadora que se vea obligada a abandonar su puesto de trabajo como consecuencia de ser víctima de violencia de género.

- **Extinción del contrato para víctimas de violencia de género**. El contrato de trabajo se extinguirá por decisión de la trabajadora que se vea obligada a abandonar definitivamente su puesto de trabajo como consecuencia de ser víctima de violencia de género [art. 49.1 n) del ET]

- **Reducción de jornada por violencia de género**. Las personas trabajadoras que tengan la consideración de víctimas de violencia de género o de víctimas del terrorismo tendrán derecho, para hacer efectiva su protección o su derecho a la asistencia social integral, a la reducción de la jornada de trabajo con disminución proporcional del salario o a la reordenación del tiempo de trabajo, a través de la adaptación del horario, de la aplicación del horario flexible o de otras formas de ordenación del tiempo de trabajo que se utilicen en la empresa.

  También tendrán derecho a realizar su trabajo total o parcialmente a distancia o a dejar de hacerlo si este fuera el sistema establecido, siempre en ambos casos que esta modalidad de prestación de servicios sea compatible con el puesto y funciones desarrolladas por la persona. Estos derechos se podrán ejercitar en los términos que para estos supuestos concretos se establezcan en los convenios colectivos o en los acuerdos entre la empresa y los representantes legales de las personas trabajadoras, o conforme al acuerdo entre la empresa y las personas trabajadoras afectadas. En su defecto, la concreción de estos derechos corresponderá a estas, siendo de aplicación las reglas establecidas en el apartado anterior, incluidas las relativas a la resolución de discrepancias (art. 37.8 del ET).

– **Movilidad geográfica ante violencia de género.** Los trabajadores que tengan la consideración de víctimas de violencia de género o de víctimas del terrorismo que se vean obligados a abandonar el puesto de trabajo en la localidad donde venían prestando sus servicios, para hacer efectiva su protección o su derecho a la asistencia social integral, tendrán derecho preferente a ocupar otro puesto de trabajo, del mismo grupo profesional o categoría equivalente, que la empresa tenga vacante en cualquier otro de sus centros de trabajo.

  • En tales supuestos, la empresa estará obligada a comunicar a los trabajadores las vacantes existentes en dicho momento o las que se pudieran producir en el futuro.

  • El traslado o el cambio de centro de trabajo tendrá una duración inicial de seis meses, durante los cuales la empresa tendrá la obligación de reservar el puesto de trabajo que anteriormente ocupaban los trabajadores.

  • Terminado este periodo, los trabajadores podrán optar entre el regreso a su puesto de trabajo anterior o la continuidad en el nuevo. En este último caso, decaerá la mencionada obligación de reserva (art. 40.4 del ET).

– **Interrupción del cómputo de duración de contratos formativos.** Las situaciones de violencia de género interrumpirán el cómputo de la duración del contrato para la obtención de la práctica profesional y para la formación en alternancia [arts. 11.4 del ET].

– **Interrupción del periodo de prueba.** Las situaciones de violencia de género, que afecte a la persona trabajadora durante el periodo de prueba, interrumpen el cómputo del mismo siempre que se produzca acuerdo entre ambas partes [art. 14.3 del ET].

– **Despido nulo.** Será nula la decisión extintiva de las trabajadoras víctimas de violencia de género por el ejercicio de su derecho a la tutela judicial efectiva o de los derechos reconocidos en esta ley para hacer efectiva su protección o su derecho a la asistencia social integral.

A modo de **ejemplo a efectos de prevención de los actos discriminatorio en el trabajo vía convenio colectivo**, podemos citar el art. de la Resolución TSF/1225/2021, de 13 de abril, por la que se dispone la inscripción y la publicación del acuerdo derivado del convenio colectivo autonómico de enseñanza y formación no reglada de Cataluña (DOC 04/05/2021).

1.5. Acoso como motivo del despido disciplinario

El art. 54.g) del ET regula como merecedora del despido disciplinario «el acoso por razón de origen racial o étnico, religión o convicciones, discapacidad, edad u orientación sexual y el acoso sexual o por razón de sexo al empresario o a las personas que trabajan en la empresa».

El acoso laboral podría definirse como una situación de hostigamiento que sufre un trabajador sobre el que se ejercen conductas de violencia psicológica y que le conducen al extrañamiento social en el marco laboral, le causan enfermedades psicosomáticas y estados de ansiedad y, en ocasiones, provocan que abandone el empleo al no poder soportar el estrés al que se encuentra sometido. En su **vertiente disciplinaria** hemos de analizar la lógica activación del poder de dirección sobre las personas trabajadoras que realicen este tipo de comportamientos, o los consientan, enmarcada en la transgresión de la buena fe contractual, así como el abuso de confianza en el desempeño del trabajo.

> **A TENER EN CUENTA.** Vertiente distinta a la tratada sería la posible acción del trabajador en caso de **acoso laboral o** *mobbing* **por parte empresarial**, donde existirían tres posibles vías: a) solicitar la rescisión del contrato por voluntad del trabajador por **graves incumplimientos contractuales del empresario** (lo que implicaría la misma indemnización que por despido improcedente y la situación legal de desempleo); b) solicitar una indemnización de daños morales o psíquicos; y c) utilizar el **procedimiento por violación de los derechos fundamentales** (art. 181 de la LRJS).

Ante la situación de acoso, y en función de la gravedad de las conductas, se regulan, habitualmente de forma paralela a la regulación colectiva, sanciones disciplinarias como (*Fraudes e incumplimientos laborales de las personas trabajadoras. Paso a paso*. Colex. Año 2024):

- **Suspensión de empleo y sueldo**: la suspensión del contrato de trabajo por motivos disciplinarios se recoge en los arts. 20, 45 y 58 del ET. Mientras se mantenga esta situación cesarán las obligaciones de trabajar y de remuneración y el trabajador se encontrará en situación asimilada al alta a efectos de cotización.

- **Despido disciplinario**: la última de las causas a las que se refiere el art. 54 del ET como merecedora del despido disciplinario es «(...) el acoso por razón de origen racial o étnico, religión o convicciones, discapacidad, edad u orientación sexual y el acoso sexual o por razón de sexo al empresario o a las personas que trabajan en la empresa».

- **Traslado forzoso o movilidad funcional o inhabilitación para el ascenso/promoción profesional durante un período de tiempo**: a pesar de ser una opción más usual en las administraciones públicas, fuera de la movilidad funcional ordinaria previstas en el art. 39 del ET distintos convenios permiten el traslado por motivos disciplinarios a otro centro de trabajo o la inhabilitación para el ascenso profesional durante un período de tiempo.

- **Cambio de turno de trabajo, etc**.

Como en todo **despido disciplinario, debe ser el empresario quien pruebe la existencia de la causa que alega como motivo del despido**, y, como sanción que es, supone la aplicación de los reiterados principios de culpabilidad, gravedad y proporcionalidad para su aplicación, valorando los antecedentes y circunstancias concurrentes en relación a la conducta de la persona trabajadora. (STSJ de Aragón n.º 900/2023, de 11 de diciembre de 2023, ECLI:ES:TSJAR:2023:1483).

Cabe destacar la **SJS - Castellón de la Plana, rec. 915/2014, de 11 de abril de 2016, ECLI:ES:JSO:2016:2**, cuando establece:

> «(...) como suele ocurrir en estos casos, la única prueba directa incriminatoria es la declaración **testifical** de la alumna. Tanto la doctrina del TC (SSTC 201/1989, 173/1990, 229/1991, entre otras) como del Tribunal Supremo (SSTS 17-1-1991, 29-4-1997, 29-9-2000, 23-10-2000 y 11-5-2001), ha reconocido reiteradamente que **las declaraciones de la víctima o perjudicado son hábiles** —incluso para desvirtuar la presunción de inocencia cuando deba aplicarse en un proceso penal—, aunque cuando es la única prueba exigirá una cuidada y prudente ponderación de su credibilidad en relación con todos los factores objetivos y subjetivos que concurran en la causa. Se han señalado también por la Sala 2.ª del TS, las notas que deberán darse en las declaraciones de las víctimas para dotarlas de plena fiabilidad como prueba de cargo, y que son:
>
> 1) Ausencia de incredibilidad subjetiva derivada de las relaciones acusado-víctima, anteriores a los hechos de autos, que pudiera conducir a la deducción de la concurrencia de un móvil de resentimiento o enemistad que privara al testimonio de la aptitud para generar el estado subjetivo de certidumbre en que la convicción jurídica estriba.
>
> 2) Verosimilitud de las imputaciones vertida.
>
> 3) Corroboraciones periféricas de carácter objetivo de tales imputaciones.
>
> 4) Persistencia de la incriminación, que, si es prolongada en el tiempo, deberá carecer de ambigüedades y contradicciones».

No pocas dudas deja el texto estatutario sobre la **delimitación del acoso a efectos del despido,** limitándose simplemente a relacionarlo con aspectos referidos al origen racial o étnico, religión o convicciones, discapacidad, edad u orientación sexual del acosado. En ese sentido, cualquier conducta, comportamiento físico o verbal manifestado, actos, gestos o palabras, comportamiento, roces, besos, proposición de relaciones sexuales, abuso o agresión sexual, pueden ser susceptibles de entrar en esta consideración, necesitando su análisis judicial individualizado.

Y por lo que se refiere al **acoso sexual o por razón de sexo,** su definición la encontramos en el art. 7.1 de la Ley Orgánica para la igualdad efectiva de mujeres y hombres como «(...) cualquier comportamiento, verbal o físico, de naturaleza sexual que tenga el propósito o produzca el efecto de atentar contra la dignidad de una persona, en particular cuando se crea un entorno intimidatorio, degradante u ofensivo».

Por su parte, el artículo 2.2 de la Directiva 2006/54/CE del Parlamento Europeo y del Consejo, de 5 de julio de 2006, define:

> «c) «acoso»: la situación en que se produce un comportamiento no deseado relacionado con el sexo de una persona con el propósito o el efecto de atentar contra la dignidad de la persona y de crear un entorno intimidatorio, hostil, degradante, humillante u ofensivo;

d) «acoso sexual»: la situación en que se produce cualquier comportamiento verbal, no verbal o físico no deseado de índole sexual con el propósito o el efecto de atentar contra la dignidad de una persona, en particular cuando se crea un entorno intimidatorio, hostil, degradante, humillante u ofensivo».

En el acoso por razón de sexo, este comportamiento está relacionado con el sexo de una persona y, en el acoso sexual, el comportamiento puede ser verbal, no verbal o físico y, siempre de índole sexual. Como puede observarse, a diferencia del concepto de acoso por razón de sexo y de acoso sexual que se contiene en la directiva comunitaria, en la Ley para la igualdad no se adiciona al comportamiento que produce esta consecuencia la expresión «no deseado», lo que, en rigor, supone que el legislador español amplía el concepto de acoso, que es perfectamente admisible, ya que la directiva solo contiene unos mínimos que han de respetarse por los Estados miembros, por lo que estos pueden mejorar la situación de los trabajadores. (SJS A Coruña n.º 23/2017, de 23 de enero, ECLI:ES:JSO:2017:1).

En paralelo, podemos hablar de acoso discriminatorio, por cualquier conducta realizada por razón de alguna de las causas de discriminación previstas en la Ley 15/2022, de 12 de julio, integral para la igualdad de trato y la no discriminación, con el objetivo o la consecuencia de atentar contra la dignidad de una persona o grupo en que se integra y de crear un entorno intimidatorio, hostil, degradante, humillante u ofensivo.

CUESTIONES

1. ¿Cómo distinguir una situación de acoso sexual, acoso moral y *mobbing*?

El acoso moral no debe ser confundido con el acoso sexual o acoso por razón de sexo. Así, se entiende por acoso moral toda conducta, práctica o comportamiento, realizada en el seno de una relación de trabajo, que suponga directa o indirectamente un menoscabo o atentado contra la dignidad de la persona trabajadora, a quién se intenta someter emocional y psicológicamente de forma violenta u hostil, y que persigue anular su capacidad, promoción profesional o su permanencia en el puesto de trabajo, afectando negativamente al entorno laboral.

Para saber si se sufre una situación de acoso sexual se debe atender al criterio establecido por la Organización Internacional del Trabajo (OIT) en su Convenio 111 y la Recomendación de las Comunidades Europeas 92/131, de 27 de noviembre de 1991, que establecen que se tiene que dar tres situaciones:

- Un comportamiento de carácter sexual.

- Es indeseada, irrazonable y ofensiva para la persona objeto de esta.

- Dicha conducta crea un entorno laboral intimidatorio, hostil y humillante para la persona que es objeto de ella (Manual de referencia para la elaboración de procedimientos de actuación y prevención del acoso sexual y del acoso por razón de sexo en el trabajo. Ministerio de Sanidad Servicios Sociales e Igualdad).

2. ¿Es necesaria la reiteración del acoso laboral para justificar el despido disciplinario?

A diferencia de otras causas enumeradas en el art. 54 del ET, en este caso, no se exige que la conducta acosadora sea habitual o reiterada. Una sola actuación del trabajador constitutiva de acoso daría lugar a su despido en función de la gravedad de la falta imputada.

3. El acoso sexual fuera del centro y tiempo de trabajo, ¿justifica el despido disciplinario?

Para que un acto de violencia o acoso entre compañeros de trabajo sea susceptible de llevarse al ámbito laboral (como desencadenante de un despido disciplinario), es preciso que tenga conexión funcional por el trabajo y que coincida en tiempo y lugar de realización del mismo.

Según la *STSJ de Andalucía n.º 770/2018, de 22 de marzo, ECLI:ES:TSJAND:2018:7532*, el acoso sexual, como modalidad agravada de las ofensas verbales o físicas al empresario o a las personas que trabajan en la empresa, parte del propio ámbito laboral como causa y lugar de realización de las conductas, de modo que mediante el aprovechamiento de dicho espacio de convivencia o con ocasión de las relaciones personales que se producen en el mismo, se efectúan conductas atentatorias contra la integridad sexual del empresario u otros trabajadores, ya sea mediante la utilización de expresiones o propuestas libidinosas o la realización de tocamientos o actos lúbricos no consentidos.

«En el presente caso, en atención al momento y lugar en el que constan producidos los hechos relatados en la carta de despido, a saber, en la vía pública a primera hora de la mañana y tras dejar la trabajadora a su hijo en el colegio, no existe relación temporal o espacial entre la conducta vejatoria del demandante y la relación laboral compartida, al margen, como se pone de manifiesto en la sentencia impugnada, del mero conocimiento entre ambos generado en el centro de trabajo, sin que pueda deducirse de dicha sola circunstancia que la referida extralimitación tuvo lugar con ocasión del trabajo o con aprovechamiento de la prestación laboral.

Del mismo modo, la referida ajenidad al ámbito laboral impide sancionar la citada conducta conforme al artículo 47 del Convenio de aplicación, al exigir que las infracciones sean constitutivas de un incumplimiento contractual culpable del trabajador, tal y como se razona en la sentencia impugnada».

4. ¿Es obligatorio tener un protocolo de acoso en la empresa?

Todas las empresas, con independencia de su tamaño tienen la obligación legal de establecer medidas de actuación, protección y prevención frente al acoso sexual y por razón de sexo, cuyo incumplimiento supone una infracción del ordenamiento jurídico (art. 48 de la LOI, ET, EBEP, LPRL, arts. 40 y 46 de la LISOS y Real Decreto 901/2020, de 13 de octubre).

5. ¿Ha de cumplir algún requisito especial la carta de despido cuando se alude incumplimientos relacionados con el acoso?

No se especifica. Será suficiente con cumplir los requisitos generales exigidos. *(STSJ de Andalucía n.º 2377/2017, de 6 de septiembre de 2017, ECLI:ES:TSJAND:2017:8544).*

RESOLUCIONES RELEVANTES

STSJ de Murcia, rec. 112/2023, de 13 de octubre de 2023, ECLI:ES:TSJM:2023:205

El TSJ entiende que no hace falta que la víctima manifieste el carácter indeseado de la conducta. En su recurso, el trabajador despedido mantenía que los hechos relatados en la carta de despido no constituirían una conducta de acoso sexual, restando valor a los comentarios de índole sexual hacia la trabajadora que objeto de tocamiento y aludiendo a que las mujeres del equipo habían asumido sus groserías.

Sin embargo, el TSJ de Murcia ha rechazado esta alegación, explicando que, aun cuando la conducta estuviera desprovista de intencionalidad sexual, «(...) no deja de ser degradante, ofensiva y atentatoria a la dignidad de la trabajadora».

«(...) es posible definir como acoso sexual el constante y continuado trato vejatorio al que somete a algunas compañeras con comentarios subidos de tono, de carácter sexual o machista, que, aunque puedan ser vividos por usted como algo 'gracioso', o realizado en plan de 'broma', es algo que resulta objetivamente repugnante y que no puede ser consentido en ningún lugar de trabajo».

STSJ de Madrid, rec. 859/2022, de 26 de enero del 2023, ECLI:ES:TSJM:2023:700

Confirma el despido de un trabajador por acoso sexual mediante el envío de mensajes obscenos por WhatsApp a una compañera.

«El comportamiento del demandante ha consistido en una reiteración e insistencia en llamadas, en horario de trabajo y fuera del mismo, y envío de mensajes a través de whatsapp a una compañera de trabajo con la que no compartía turno, únicamente coincidían en el cambio de turno, por la que mostraba interés, que son percibidos por la trabajadora de manera negativa; la insistencia en los mensajes y llamadas por estar enamorado de ella es la hace que se sienta incomoda y con miedo en una ocasión cuando el demandante golpea la mesa con un puño; era insistente y en una ocasión se molestó porque un amigo de Palmira acudió al centro de trabajo a buscarla.

Estamos ante una solicitud a la trabajadora mediante el empleo de expresiones como "me tienes loquito", "estás muy buena", o proponerle irse de vacaciones, irse a vivir juntos, hacer regalos, mostrar celos respecto de su pareja.

Los whatsapp pone de manifiesto que la trabajadora le dice que no persista en las llamadas y mensajes, como el demandante se disculpa pero vuelve a insistir, generando desasosiego hasta el punto de sentirse intimidada en el episodio del puñetazo encima de la mesa por una cuestión de celos. Estas actitudes persistentes y contra la voluntad de la trabajadora suponen una falta de respeto, a la integridad física y moral de la misma, que hacen que el despido deba declararse procedente y convalidar la decisión extintiva, como ha entendido la juzgadora de instancia».

STSJ de Madrid n.º 470/2018, de 3 de mayo, ECLI:ES:TSJM:2018:4656

«(...) en el caso enjuiciado no hay hechos, entre los declarados probados, que permitan concluir que la actora hubiera sufrido un acoso laboral con independencia de que el ambiente laboral fuera conflictivo, pues la conflictividad laboral no es sinónimo de acoso laboral y no todo ejercicio abusivo de las potestades y poder de dirección del empleador puede calificarse de acoso ni tal hostigamiento, pues las tensiones derivadas del trabajo por cuenta ajena, propias de las connaturales imposiciones de orden y disciplina que acontece en la organización empresarial, no pueden recibir la calificación, sin más, de acoso moral en el trabajo, ni tampoco una mera discrepancia, contrariedad o tensión generada en el trabajo o por el trabajo puede calificarse como "mobbing". Y en el presente supuesto, como antes ya hemos indicado partiendo de los hechos declarados probados en la sentencia recurrida no queda probado que la actora hubiera venido sufriendo un acoso laboral».

STSJ de Extremadura n.º 122/2018, de 1 de marzo, ECLI:ES:TSJEXT:2018:232

Se revoca la declaración de procedencia del juzgado de lo social y determina que el despido es improcedente «(...) en relación con los hechos acreditados y a su vez con la resolución de despido, no debe entenderse que los hechos posean una relevancia tal como para ser susceptibles de una decisión tan importante como es la de despido. En la resolución se realizan apreciaciones subjetivas de lo ocurrido, pero lo cierto es que los hechos se centran en algunas expresiones que en el contexto de lo sucedido y dada las competencias de quien las emite, no deben entenderse como de una gravedad suficiente, no son objetivamente amenazadoras de gravedad, no se usan expresiones tildadas de menospreciantes. La ausencia de disculpa puede ser tachada como arrogante en su caso, pero por determinada actitud, tampoco debe encuadrarse como de la gravedad suficiente como para acarrear la solución adoptada. Por otra parte el resto de acciones descritas, no suponen objetivamente y sin perjuicio de la apreciación subjetiva de la destinataria, acciones de tal calibre, que provoquen miedo y sicosis».

STS, rec. 622/2003, de 25 de octubre de 2005, ECLI:ES:TS:2005:6488

Acoso sexual lo suficiente grave, ofensivo, desconsiderado y susceptible de crear un ambiente hostil incómodo y desagradable (en consonancia con STSJ Cataluña n.º 8038/2001, de 22 de octubre de 2001, ECLI:ES:TSJCAT:2001:12658, STSJ Madrid n.º 42/2010, de 28 de enero de 2010, ECLI:ES:TJM:2010:470 y STSJ Madrid n.º 49/2010, de 26 de enero de 2010, ECLI:ES:TSJM:2010:421).

STSJ de Andalucía n.º 2377/2017, de 6 de septiembre, ECLI:ES:TSJAND:2017:8544

«En el acoso por razón de sexo, este comportamiento está relacionado con el sexo de una persona y, en el acoso sexual, el comportamiento puede ser verbal, no verbal o físico y, siempre de índole sexual. Como puede observarse, a diferencia del concepto de acoso por razón de sexo y de acoso sexual que se contiene en la Directiva Comunitaria, en la Ley para la Igualdad no se adiciona al comportamiento que produce esta consecuencia la expresión "no deseado", lo que, en rigor, supone que el legislador español amplía el concepto de acoso, que es perfectamente admisible, ya que la Directiva sólo contiene unos mínimos que han de respetarse por los Estados miembros, por lo que éstos pueden mejorar la situación de los trabajadores».

2.
PLANES DE IGUALDAD Y LA PREVENCIÓN DEL ACOSO SEXUAL Y DEL ACOSO POR RAZÓN DE SEXO

El establecimiento de planes de igualdad en las empresas se ajustará a lo dispuesto en el art. 85 del ET, arts. 45-49 de la Ley Orgánica 3/2007, de 22 de marzo, para la igualdad efectiva de mujeres y hombres y convenio colectivo de aplicación.

2.1. Concepto de plan de igualdad y obligación de implementarlo

Los planes de igualdad, ya sean de carácter obligatorio o voluntario, constituyen un conjunto ordenado de medidas adoptadas después de realizar un diagnóstico de situación, tendentes a alcanzar en la empresa la igualdad de trato y de oportunidades entre mujeres y hombres y a eliminar la discriminación por razón de sexo (arts. 85 del ET; 45-49 de la LOI y 9 del Real Decreto 901/2020, de 13 de octubre).

Partiendo de la definición aportada por el art. 46.1 de la LOI, los planes de igualdad pretenden establecer en las organizaciones la igualdad de trato y oportunidades entre mujeres y hombres mediante la erradicación de cualquier tipo de desigualdad o discriminación que por razón de sexos pueda existir en una empresa, para lo que se hace necesario definir, englobar, especificar y analizar un conjunto de objetivos, medidas y acciones, planificadas para alcanzar la igualdad entre mujeres y hombres.

El art. 46.3 de la LOI concreta: «(...) los planes de igualdad incluirán la totalidad de una empresa, sin perjuicio del establecimiento de acciones especiales adecuadas respecto a determinados centros de trabajo».

JURISPRUDENCIA

STS n.º 832/2018, de 13 de septiembre, ECLI:ES:TS:2018:3231

Analizando la posible nulidad de un plan de igualdad que se negocia con la representación de los trabajadores y que, ante la falta de acuerdo, es impuesto unilateralmente por la empresa, el TS fija conclusiones jurídicas relevantes:

«(...) para la elaboración de un plan de igualdad en el seno de las empresas, resulta imprescindible la elaboración de un diagnóstico de situación relativo a la igualdad entre hombres y mujeres en la empresa en orden a todas las circunstancias laborales que constituirá elemento central para la elaboración del referido plan».

«(...) la elaboración del plan de igualdad en la empresa recurrente requería, en virtud de lo previsto legal y, sobre todo, convencionalmente, la negociación y acuerdo con los representantes de los trabajadores».

«(...) además, que la obligación de contar con un plan de igualdad corresponde a la empresa, tal como imponen las normas indicadas anteriormente; que el plan –por las características de la empresa– debe ser fruto de la negociación con los representantes de los trabajadores y que la intervención de estos en la elaboración del plan constituye un derecho de negociación colectiva que, como se ha visto, ha sido condicionado y limitado por parte de la empresa que ha ralentizado la negociación al máximo y que ha eludido la entrega puntual de la documentación exigida legalmente y solicitada por los trabajadores, al punto de que ha sido la intervención de la Inspección de Trabajo el verdadero motor de las acciones de la empresa. No puede entenderse que ha habido negociación de buena fe, cuando quien tiene la obligación de tener un plan de igualdad y, por tanto, debe asumir el impulso negociador, no solo no lo asume, sino que adopta una actitud impeditiva del mismo, ralentizando la negociación y retrasando al límite la entrega de documentación. Ninguna duda cabe, por tanto, de que el derecho a la libertad sindical en su vertiente de derecho a la negociación colectiva del sindicato demandante ha sido vulnerado por la entidad recurrente, lo que determina la confirmación de la sentencia recurrida».

Actualmente existe una ampliación generalizada en la obligación de implantación de un PI a las empresas con más de 50 trabajadores. (art. 85 ET; arts. 45-49 LOI y art. 1 y D.T. 12.ª del Real Decreto-ley 6/2019, de 1 de marzo y Real Decreto 901/2020, de 13 de octubre). De esta forma, existirá obligación de implementar un PI:

En función del número de personas trabajadoras en plantilla

Según el número de personas trabajadoras en plantilla, la empresa estará obligada a tener un plan de igualdad incorporado a un registro público (D.T. 12.ª LOI).

Para el cálculo del número de personas que dan lugar a la obligación de elaborar un plan de igualdad, se tendrá en cuenta la plantilla total de la empresa, cualquiera que sea el número de centros de trabajo de aquélla y cualquiera que sea la forma de contratación laboral, incluidas las personas con **contratos fijos discontinuos**, con **contratos de duración determinada** y personas con **contratos de puesta a disposición** (arts. 45.2 de la LOI y 3 del Real Decreto 901/2020, de 13 de octubre). En cualquier caso:

– Cada persona con **contrato a tiempo parcial** se computará, con independencia del número de horas de trabajo, como una persona más.

- Los trabajadores y trabajadoras cedidos por empresas de trabajo temporal serán también incorporados en el cómputo.
- Se incluirá el personal de alta dirección.
- A este número de personas deberán sumarse los contratos de duración determinada, cualquiera que sea su modalidad que, habiendo estado vigentes en la empresa durante los seis meses anteriores, se hayan extinguido en el momento de efectuar el cómputo. En este caso, cada cien días trabajados o fracción se computará como una persona trabajadora más.

No obstante, se excluirán del cómputo numérico de la plantilla quienes no tengan una relación laboral con la mercantil como pudiera ser el caso de las socias y socios trabajadores o becarios y becarias.

> **A TENER EN CUENTA.** Deberá efectuarse el cómputo a efectos de comprobar que se alcanza el umbral de personas de plantilla que hace obligatorio el plan de igualdad, al menos, el último día de los meses de junio y diciembre de cada año.

CUESTIONES

1. Una vez alcanzado el umbral obligatorio para tener que negociar un plan de igualdad ¿cuándo se inicia el proceso?

Una vez alcanzado el umbral que hace obligatorio el plan de igualdad, cualquiera que sea el momento en que esto se produzca, nacerá la obligación de negociar, elaborar y aplicar el plan de igualdad. Esta obligación se mantendrá aun cuando el número de personas trabajadoras se sitúe por debajo de cincuenta, una vez constituida la comisión negociadora y hasta que concluya el periodo de vigencia del plan acordado en el mismo, o en su caso, durante cuatro años.

2. ¿Las empresas de menos de 50 trabajadores qué obligaciones deben cumplir?

Salvo que se encuentren en uno de los supuestos que analizaremos con posterioridad, deberán contar con el registro retributivo obligatorio desde el 14 abril de 2021.

Cuando lo establezca el convenio colectivo de aplicación

Sin perjuicio del número de personas trabajadoras, las empresas deberán elaborar y aplicar un plan de igualdad cuando así se establezca en el convenio colectivo que sea aplicable, en los términos previstos en el mismo. A este respecto, la **STS n.º 403/2017, de 9 de mayo, ECLI:ES:TS:2017:2092, ha analizado el número 3 del art. 45 LOI el TS matiza la obligación de realización de un plan de igualdad no solo en las empresas de más de 50 trabajadores, sino también en aquellas obligadas por convenio:**

> «(...) debe señalarse que el número 3 del artículo 45 de la Ley 3/2007 no establece la opción que dice la empresa recurrente: negociar un 'plan de igualdad' o implantarlo unilateralmente si la negociación colectiva fracasa. No sólo porque una interpretación lógico-sistemática del citado precepto

nos muestra que es obligatoria la negociación del plan de igualdad en el supuesto de empresas de más de 250 trabajadores, sino, también que el citado n.º 3 lo que viene a establecer es que la elaboración y negociación de ese plan será, igualmente, obligatoria cuando lo establezca el convenio colectivo de aplicación, aunque la empresa tenga menos de 250 empleados [esta referencia debe entender actualmente como realizada a 50 empleados]. Por tanto, debe concluirse que la empresa recurrente incumplió con la obligación de negociar que le imponían la ley y el convenio colectivo».

Como precisión en este punto, matizar la necesidad de un análisis del convenio colectivo dado que en la práctica podemos encontrar mejoras sobre materias concretas que el plan podrá respetar o implementar, pero nunca disminuir.

Cuando la autoridad laboral hubiera acordado en un procedimiento sancionador la sustitución de las sanciones accesorias por la elaboración y aplicación de dicho plan

Las empresas también elaborarán y aplicarán un plan de igualdad, previa negociación o consulta, en su caso, con la representación legal de los trabajadores y trabajadoras, cuando la autoridad laboral hubiera acordado en un procedimiento sancionador la sustitución de las sanciones accesorias por la elaboración y aplicación de dicho plan, en los términos que se fijen en el indicado acuerdo.

En el caso de las Administraciones públicas

Por su parte, la D.A.7.ª del Real Decreto Legislativo 5/2015, de 30 de octubre, por el que se aprueba el texto refundido de la Ley del Estatuto Básico del Empleado Público, establece, para todas las Administraciones públicas, la obligación de adoptar medidas dirigidas a evitar cualquier tipo de discriminación laboral entre mujeres y hombres, para lo que «deberán elaborar y aplicar un plan de igualdad a desarrollar en el convenio colectivo o acuerdo de condiciones de trabajo del personal funcionario que sea aplicable, en los términos previstos en el mismo».

Del mismo modo, al personal laboral al servicio de las administraciones públicas le resultará de aplicación lo previsto en el Real Decreto 902/2020, de 13 de octubre, de acuerdo con las peculiaridades establecidas en su legislación específica.

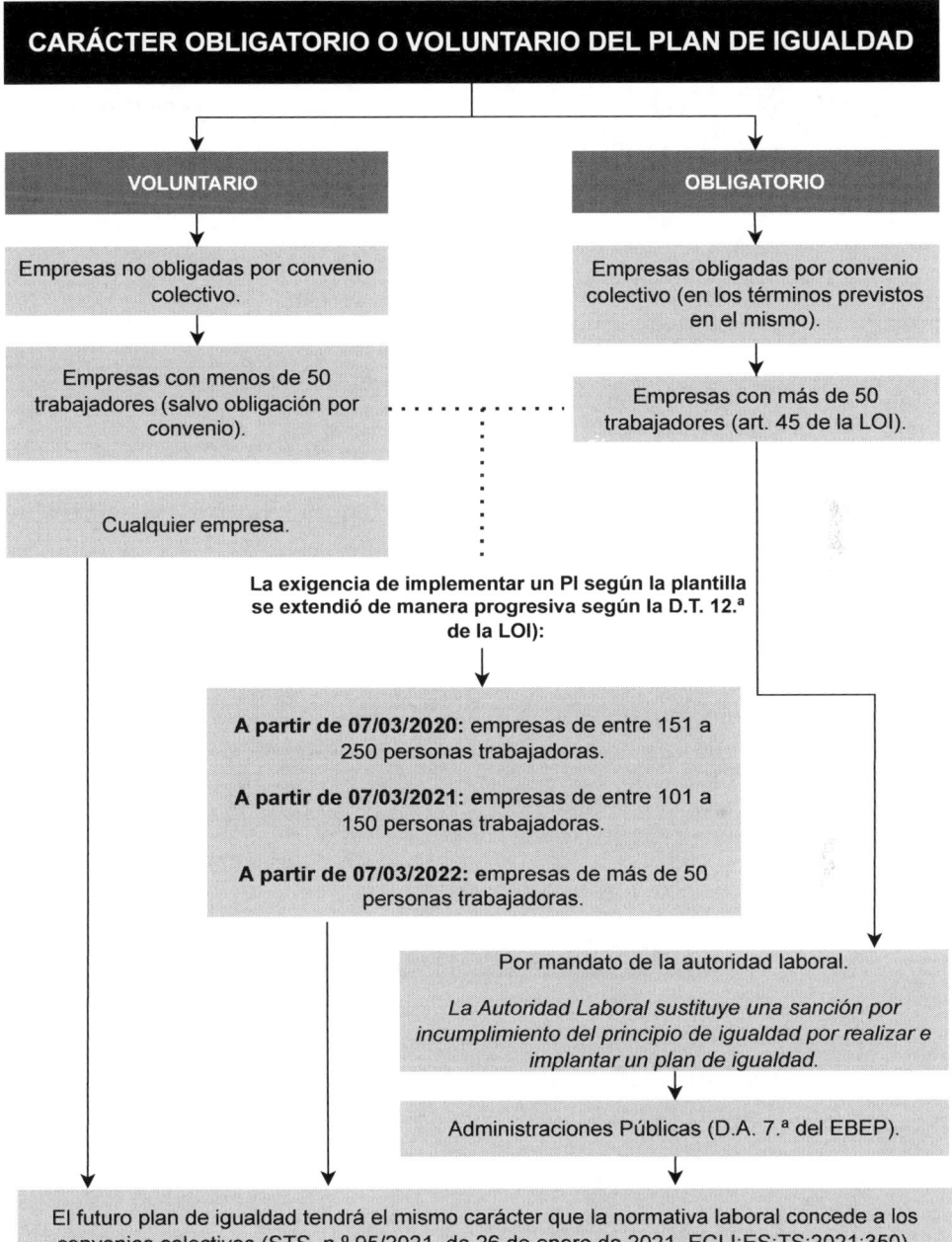

CARÁCTER OBLIGATORIO O VOLUNTARIO DEL PLAN DE IGUALDAD

VOLUNTARIO

Empresas no obligadas por convenio colectivo.

Empresas con menos de 50 trabajadores (salvo obligación por convenio).

Cualquier empresa.

OBLIGATORIO

Empresas obligadas por convenio colectivo (en los términos previstos en el mismo).

Empresas con más de 50 trabajadores (art. 45 de la LOI).

La exigencia de implementar un PI según la plantilla se extendió de manera progresiva según la D.T. 12.ª de la LOI):

A partir de 07/03/2020: empresas de entre 151 a 250 personas trabajadoras.

A partir de 07/03/2021: empresas de entre 101 a 150 personas trabajadoras.

A partir de 07/03/2022: empresas de más de 50 personas trabajadoras.

Por mandato de la autoridad laboral.

La Autoridad Laboral sustituye una sanción por incumplimiento del principio de igualdad por realizar e implantar un plan de igualdad.

Administraciones Públicas (D.A. 7.ª del EBEP).

El futuro plan de igualdad tendrá el mismo carácter que la normativa laboral concede a los convenios colectivos (STS, n.º 95/2021, de 26 de enero de 2021, ECLI:ES:TS:2021:350).

2.2. Medidas dentro de un plan de igualdad de empresa para evitar delitos y conductas contra la libertad sexual y la integridad moral

Las empresas deberán **promover condiciones de trabajo** que eviten la comisión de delitos y otras conductas contra la libertad sexual y la integridad moral en el trabajo, incidiendo especialmente en el acoso sexual y el acoso por razón de sexo, incluidos los cometidos en el ámbito digital (art. 48 de la LOI y 12 de la Ley Orgánica 10/2022, de 6 de septiembre).

Asimismo, deberán **arbitrar procedimientos específicos para su prevención y para dar cauce a las denuncias o reclamaciones** que puedan formular quienes hayan sido víctimas de estas conductas, incluyendo específicamente las sufridas en el ámbito digital y **sin distinción entre los distintos actos o personas intervinientes** (chantaje sexual; acoso ambiental, acoso entre compañeros/as u horizontal; acoso por parte de un superior jerárquico o vertical; etc.).

Con esta finalidad se podrán establecer medidas que deberán negociarse con los representantes de los trabajadores, tales como la elaboración y difusión de códigos de buenas prácticas, la realización de campañas informativas, protocolos de actuación o acciones de formación.

Los representantes de los trabajadores deberán contribuir a prevenir el acoso sexual y el acoso por razón de sexo en el trabajo mediante la sensibilización de los trabajadores y trabajadoras frente al mismo y la información a la dirección de la empresa de las conductas o comportamientos de que tuvieran conocimiento y que pudieran propiciarlo.

Del mismo modo, algunas de las medidas preventivas que el empresario puede realizar en esta materia se relacionan con el área de salud laboral. Entre ellas:

- La identificación o evaluación de los riesgos psicosociales.
- Las acciones formativas para directivos, mandos y personas trabajadoras sobre el trato con las personas en su trabajo.
- La vigilancia sanitaria sobre la salud psíquica de los trabajadores.
- Las declaraciones, principios y códigos de conductas indicadas por la dirección de la empresa.

Para implementar cualquier medida dentro de un plan de igualdad interesa conocer la siguiente regulación normativa, alguna de la cual ya hemos desarrollado a lo largo de la obra:

- Art. 12 de la Ley Orgánica 10/2022, de 6 de septiembre, de garantía integral de la libertad sexual.

- Arts. 7, 8, 48 (modificado con efectos de 07/10/2022) y 62 de la Ley Orgánica 3/2007, de 22 de marzo, para la Igualdad efectiva de mujeres y hombres.
- Arts. 17.1 y 54.2 g) del Estatuto de los Trabajadores.
- Art. 184 del Código Penal (modificado con efectos de 07/10/2022).
- Arts. 8.13 y 8.13 bis del Real Decreto Legislativo 5/2000 de 4 de agosto por el que se aprueba el texto refundido de la Ley sobre Infracciones y Sanciones en el Orden Social.
- Art. 15 de la Ley 31/2005, del 8 de noviembre, de Prevención de Riesgos Laborales.
- Art. 19.1.i) de la Ley 29/1998, de 13 de julio, reguladora de la jurisdicción contencioso-administrativa.
- Art. 11 bis de la Ley 1/2000, de 7 de enero, de Enjuiciamiento Civil.
- Arts. 175-182 de la Ley 36/2001, de 10 de octubre, reguladora de la jurisdicción social.
- Art. 18.9 de la Ley 14/1986, de 25 de abril, General de Sanidad.
- Criterio Técnico de la Inspección de Trabajo n.º 69/2009, sobre actuaciones de la Inspección de Trabajo y Seguridad Social en materia de acoso y violencia en el trabajo.
- NTP 489: Violencia en el lugar de trabajo. INSST. Año 1998.
- NTP 507: Acoso sexual en el trabajo. INSST. Año 1999.

Reiterar que todas las empresas comprendidas en el artículo 1.2 del Estatuto de los Trabajadores, con independencia del número de personas trabajadoras en plantilla, de acuerdo con lo establecido en los arts. 45.1 y 48 de la Ley Orgánica 3/2007, de 22 de marzo, están obligadas a respetar la igualdad de trato y de oportunidades en el ámbito laboral y, con esta finalidad, deberán adoptar, previa negociación, medidas dirigidas a evitar cualquier tipo de discriminación laboral entre mujeres y hombres, así como promover condiciones de trabajo que eviten el acoso sexual y el acoso por razón de sexo y arbitrar procedimientos específicos para su prevención y para dar cauce a las denuncias o reclamaciones que puedan formular quienes hayan sido objeto de este.

CUESTIONES

1. ¿Qué hemos de analizar para saber si nuestro plan de igualdad o protocolo antiacoso cumplen con las exigencias en materia de prevención del acoso sexual o por razón de sexo?

Para conocer el cumplimento de las distintas medidas hemos de responder a preguntas como:

- ¿Se han definido medidas de difusión e información a la plantilla sobre el plan de igualdad?
- ¿Se han definido acciones de sensibilización a la plantilla en materia de igualdad entre mujeres y hombres?

- ¿Se establecen medidas específicas sobre comunicación no sexista e inclusiva?

- ¿El plan incluye un protocolo de actuación en materia de acoso en el trabajo?

- ¿Qué tipos de acoso contemplad expresamente el protocolo?

- ¿Garantiza el procedimiento establecido en el protocolo la intimidad, confidencialidad y dignidad de las personas afectadas por el acoso?

- ¿Se crea un órgano paritario para tratar los casos de acoso contemplados?

- ¿Se prevé asesoramiento o apoyo profesional psicológico y/o médico a las víctimas de acoso?

- ¿Se establecen medidas de sensibilización sobre violencia de género?

- ¿Existe una formación específica para el personal de recursos humanos sobre los derechos de las víctimas de la violencia de género?

- ¿Se establecen los términos para el ejercicio de los derechos de reducción de jornada, reordenación del tiempo de trabajo, la aplicación del horario flexible o de otras formas de ordenación del tiempo de trabajo, reconocidos legalmente, a las víctimas de violencia de género?

- ¿Se prevé asesoramiento o apoyo profesional psicológico y/o médico a las víctimas de violencia de género?

- ¿Se amplían los derechos laborales legalmente establecidos para las víctimas de violencia de género?

- ¿Se incorporan otras medidas adicionales a las que contempla la normativa vigente?

2. ¿Es obligatorio tener un protocolo de acoso en la empresa?

Como hemos visto, la LOI (arts. 48.1. y 48.2) establece la obligatoriedad de proteger a las personas trabajadoras de situaciones de acoso sexual promoviendo condiciones de trabajo que eviten el acoso sexual y el acoso por razón de sexo, arbitrando para ello procedimientos específicos para su prevención y para dar cauce a las denuncias o reclamaciones que puedan formular quienes hayan sido objeto de este. Es decir, la obligación es «proteger» o evitar el riesgo de situaciones de acoso sexual y contar con canales de denuncia y formas de actuación definidas.

A diferencia del plan de igualdad cuya obligatoriedad se basa en el número de personas trabajadoras en plantilla, la norma en este caso impone a las empresas en general la **obligación de arbitrar procedimientos específicos** para la prevención y dar cauce a las denuncias o reclamaciones por lo que **hemos de entender obligatorio contar con un protocolo frente al acoso.**

3. En el ámbito público, ¿existe protocolo de actuación frente al acoso?

En el ámbito de la Función Pública las acciones de prevención y de sanción se apoyan en dos ámbitos normativos previos que tienen que ver, respectivamente, con el derecho a la ocupación efectiva, la no discriminación y el respeto a la intimidad y la consideración de su dignidad, a los que tiene derecho todo empleado público, según recoge el artículo 14, letras b) y h) del texto refundido de la Ley del Estatuto Básico del Empleado Público y el artículo 4 e) del Real Decreto Legislativo 2/2015, de 23 de octubre, por el que se aprueba el texto refundido de la Ley del Estatuto de los Trabajadores, por un lado. Y por otro, con el derecho a una protección eficaz en materia de seguridad y salud en el trabajo, establecido además por la Ley 31/1995, de 8 de noviembre, de Prevención de Riesgos Laborales.

En ese contexto, por Resolución de 5 de mayo de 2011, de la Secretaría de Estado para la Función Pública, se aprobó el Acuerdo de 6 de abril de 2011 de la Mesa

General de Negociación de la Administración General del Estado sobre el protocolo de actuación frente al acoso laboral en la Administración General del Estado, que ha servido de referencia para la elaboración del presente en el ámbito de la Diputación de Granada.

En la práctica, este protocolo viene sirviendo de modelo para las empresas que deciden implementar uno propio.

A modo de **ejemplo**:

Dentro de la lucha de la empresa contra el acoso sexual y acoso por razón de sexo, a la hora de confeccionar el plan de igualdad –y siempre en función del diagnóstico en cada caso– como **ejemplo** vamos a reflejar objetivos junto con las posibles medidas a implementar [correspondiendo otros parámetros como el calendario o ámbito temporal, la determinación de las personas responsables, el presupuesto o recursos, los destinatarios, los indicadores asociados, el responsable de la implantación o la fecha de puesta en marcha de las medidas a la decisión tomada en cada caso).

Objetivo: garantizar un entorno de trabajo seguro y libre de cualquier situación de acoso sexual o por razón de sexo.

Medidas:

1. Implantar un protocolo para el tratamiento de las denuncias y/o presuntas situaciones de acoso moral, sexual y/o por razón de sexo en la compañía.

2. Prevenir y erradicar las situaciones constitutivas de acoso en todas sus modalidades, adoptando todas las medidas necesarias para ello.

3. El protocolo de acoso sexual y por razón de sexo que sea aplicable será difundido del mismo modo que el plan de igualdad.

4. Incluir en la formación de igualdad el módulo específico sobre prevención del acoso sexual y/o por razón de sexo, orientación sexual e identidad de género.

5. Se negociará e implantará un protocolo de actuación para los supuestos de acoso por razón de orientación sexual, de aplicación al colectivo de Lesbianas, Gays, Bisexuales, personas Transgénero e Intersexuales (LGTBI).

6. Se impartirá una formación específica sobre el protocolo de prevención del acoso sexual y por razón de sexo a las personas responsables de cada uno de los centros de trabajo.

7. Informar a la comisión sobre los procesos iniciados por acoso y denuncias formuladas por centro.

Algunos indicadores para control de los objetivos y medidas en la materia podrían ser:

– Número de módulo o cursos formativos específicos sobre acoso impartidos.

– Información recibida de los procesos de acoso según protocolo.

2.2.1. Área de análisis clave en el plan de igualdad para la prevención acoso sexual y por razón de sexo

Tal y como se establece en la normativa los planes de igualdad contendrán un conjunto ordenado de medidas evaluables dirigidas a remover los obstáculos que impiden o dificultan la igualdad efectiva de mujeres y hombres. Con carácter previo se elaborará un diagnóstico negociado, en su caso, con la representación legal de las personas trabajadoras, que contendrá al menos las siguientes materias (art. 46 de la LOI):

– Proceso de selección y contratación.

– Clasificación profesional.

– Formación.

– Promoción profesional.

– Condiciones de trabajo, incluida la auditoría salarial entre mujeres y hombres.

– Ejercicio corresponsable de los derechos de la vida personal, familiar y laboral.

– Infrarrepresentación femenina.

– Retribuciones.

– **Prevención del acoso sexual y por razón de sexo**.

Es claro que el acoso sexual y por razón de sexo puede aparecer en cualquier área de análisis y que la propia norma aporta una *lista abierta* de materias a incluir en el plan directamente relacionada con el resultado obtenido en la fase de diagnóstico, no obstante, **el análisis obligatorio de este aspecto ha de incluirse en un área propia**: «Prevención del acoso sexual y por razón de sexo».

Será dentro de esta área donde se desarrollen las actuaciones en esta materia, a pesar de que, por ejemplo, determinadas acciones como sensibilización, concienciación, información o formación incluidas en el plan de igualdad se extiendan a otros puntos de obligado análisis.

2.2.2. Diagnóstico previo al plan de igualdad: especificaciones sobre las medidas antiacoso

En la **fase de diagnosis**, se realizará un análisis de la situación de la empresa que permita detectar aquellos aspectos o ámbitos en los que puedan estar produciéndose situaciones de desigualdad o discriminación y sobre los que deberá actuar el futuro plan de igualdad. Para ello, se procederá a la recogida de información y al debate interno que permita, finalmente, formular las propuestas de mejora que se incluirán en el citado plan (*Guía para la elaboración de planes de igualdad en las empresas. Instituto de las Mujeres*. Enero 2021).

El diagnóstico deberá realizar una descripción de los procedimientos y/o medidas de sensibilización, prevención, detección y actuación contra del acoso sexual y al acoso por razón de sexo, así como de la accesibilidad a estos aportando información necesaria para medir y evaluar, a través de indicadores, cuantitativos y cualitativos.

Para cumplir con el propósito de realizar un «radiografía» útil de la organización, será necesario analizar las condiciones de trabajo de todo el personal, incluido las trabajadoras y trabajadoras puestos a disposición en la empresa usuaria, y abordar –no solo aspectos directos de acoso, discriminación, o protección de las víctimas de violencia de género– sino también aspectos como: características de la plantilla, acceso y selección, contratación, formación, promoción y desarrollo profesional, política y estructura retributiva, comunicación, conciliación de la vida personal, familiar y laboral, salud laboral, comunicación, etc. (arts. 8.2 Real Decreto 901/2020, de 13 de octubre y art. 46.2 LOI).

Atendiendo al contenido del Anexo Real Decreto 901/2020, de 13 de octubre –y como desarrollaremos–, **los procedimientos de actuación contemplarán en todo caso**:

Declaración de principios, definición de acoso sexual y por razón de sexo e identificación de conductas que pudieran ser constitutivas de acoso.

Los procedimientos de actuación en esta materia responderán a los siguientes **principios**:

- **Prevención y sensibilización del acoso sexual y por razón de sexo**: más allá de las distintas acciones generales para la prevención y mejora de las condiciones psicosociales de trabajo, dentro del plan de igualdad pueden desarrollarse estrategias preventivas específicas con el fin de reducir la aparición de conductas de acoso. A modo de ejemplo:

  • Impartir formación adecuada en prevención y resolución de conflictos, especialmente dirigida a responsables de equipos de personas, para que puedan reconocer y atajar los posibles conflictos en su origen.

  • Organizar actividades formativas específicas para colectivos de responsables de Unidades u órganos involucrados en la prevención y gestión de los casos de acoso, por un lado, y para representantes sindicales, por otro, en las que se suministre información suficiente para dar a conocer la filosofía asumida por la Administración en cuanto a la no tolerancia de determinados comportamientos vinculados al acoso laboral y en cuanto a los procedimientos que se establezcan para su prevención y/o resolución.

  • Difundir documentos divulgativos sobre el riesgo y las medidas preventivas a través de las intranets y de otros medios de comunicación.

  • Realizar charlas de información explicando a la plantilla los derechos, reglamentos, leyes y sanciones establecidas.

  • Establecer algún sistema concreto para efectuar denuncias: buzón, correo electrónico...

  • Etc.

– **Información y accesibilidad de los procedimientos y medidas.** La plantilla ha de conocer el procedimiento para activar el protocolo y sus principales aspectos, así como cualquier responsabilidad y perjuicios de incurrir en denuncias falsas o improcedentes.

- Para garantizar la accesibilidad del protocolo a todas las personas trabajadoras, el documento y su entrada en vigor se difundirán por correo electrónico, Intranet de la empresa, etc.

- Se dará publicidad a los canales de denuncia habilitados al efecto.

– **Confidencialidad y respeto a la intimidad y dignidad de las personas afectadas:** las personas que intervengan en el procedimiento tienen obligación de guardar una estricta confidencialidad y reserva y no deben transmitir ni divulgar información sobre el contenido de las denuncias presentadas o en proceso de investigación.

– **Respeto al principio de presunción de inocencia de la supuesta persona acosadora:** el procedimiento debe garantizar una audiencia imparcial y un tratamiento justo para todas las personas afectadas. Todos los intervinientes han de buscar de buena fe la verdad y el esclarecimiento de los hechos denunciados.

– **Prohibición de represalias de la supuesta víctima o personas que apoyen la denuncia o denuncien supuestos de acoso sexual y por razón de sexo:** deben prohibirse expresamente las represalias contra las personas que efectúen una denuncia, comparezcan como testigos o participen en una investigación sobre acoso.

– **Diligencia y celeridad del procedimiento:** la investigación y la resolución sobre la conducta denunciada deben ser realizadas sin demoras indebidas, de forma que el procedimiento pueda ser completado en el menor tiempo posible respetando las garantías debidas.

– **Garantía de los derechos laborales y de protección social de las víctimas:** es necesario proceder con la discreción necesaria para proteger la intimidad y la dignidad de las personas afectadas. Para esto:

- Las actuaciones o diligencias deben realizarse con la mayor prudencia y con el debido respeto a todas las personas implicadas, que en ningún caso podrán recibir un trato desfavorable por este motivo.

- Los implicados podrán ser asistidos por algún delegado de prevención o asesor en todo momento a lo largo del procedimiento, si así lo requieren.

– **Restitución de las víctimas:** si el acoso realizado se hubiera concretado en un menoscabo de las condiciones laborales de la víctima, la empresa deberá restituirla en las condiciones más próximas posibles a su situación laboral de origen, con acuerdo de la víctima y dentro de las posibilidades organizativas.

Como veremos, la **definición de acoso sexual y por razón de sexo e identificación de conductas que pudieran ser constitutivas de acoso**, será otro aspecto obligatorio de todo protocolo.

Procedimiento de actuación frente al acoso para dar cauce a las quejas o denuncias que pudieran producirse, y medidas cautelares y/o correctivas aplicables.

Ha de garantizarse que todas las quejas y denuncias internas serán tratadas conforme a los principios descritos, es decir, con rigor, rapidez, imparcialidad y confidencialidad por todas las personas que intervengan en el procedimiento (*Guía para la elaboración de un protocolo de prevención y actuación frente al acoso sexual y el acoso por razón de sexo en el ámbito laboral*. CCOO Extremadura).

Identificación de las medidas reactivas frente al acoso y en su caso, el régimen disciplinario.

La LOI recoge la obligación de las empresas de implementar medidas concretas para abordar el acoso sexual y el acoso por razón de sexo y arbitrar procedimientos específicos que permitan prevenir y actuar frente a ellos.

Implementación, aplicación y procedimientos resueltos en el marco del protocolo de lucha contra el acoso sexual y/o por razón de sexo implantado en la empresa.

La persona o el órgano específico encargado de resolver comunicarán por escrito a la persona acosada y a la persona que ha cometido la ofensa cómo se ha resuelto el problema informándoles de las acciones disciplinarias que se emprenderán. La decisión incluirá una síntesis de los hechos y detallará las compensaciones o sanciones (Guía para la elaboración de un protocolo de prevención y actuación frente al acoso sexual y el acoso por razón de sexo en el ámbito laboral. CCOO Extremadura).

CUESTIÓN

¿A qué colectivos debe prestar especial atención el diagnóstico previo?

El acoso sexual y el acoso por razón de sexo se pueden dar en cualquier grupo de edad, profesión, ámbito laboral o grupo profesional. En base al análisis práctico de los diagnósticos de distintas empresas y la información emanada de las Instituciones preocupadas por la materia, la mayoría de las personas que padecen este tipo de acoso son mujeres y dentro de éstas, los grupos que podríamos calificar como «más vulnerables», sobre los que el diagnóstico previo ha de prestar mayor atención, son:

– Mujeres que acceden por primera vez a sectores profesionales o categorías tradicionalmente masculinas o que ocupan puestos de trabajo que tradicionalmente se han considerado destinados a los hombres.

– Mujeres jóvenes que acaban de conseguir su primer trabajo.

– Mujeres solas con responsabilidades familiares (madres solteras, viudas, separadas y divorciadas).

– Mujeres con discapacidad.

- Mujeres inmigrantes y/o que pertenecen a minorías étnicas.

- Mujeres con contratos eventuales y temporales o en régimen de subcontratación.

- Personas homosexuales, etc.

A efectos de cumplimiento normativo asociado al plan de igualdad, ¿es suficiente con contar y aplicar el protocolo para la prevención y el tratamiento del acoso sexual y/o por razón de sexo?

El Real Decreto 901/2020, de 13 de octubre, hace referencia a la necesidad de sensibilización de la plantilla, lo que se traduce en la necesidad de informar a las personas trabajadoras de aspectos como:

- Las características del acoso sexual para que conozcan sus distintas vertientes o la diferencia con otras figuras.

- Las posibles consecuencias del acoso para actuar de forma disuasoria.

- A quién o a qué personas es necesario dirigirse en caso de considerar que se está siendo objeto de acoso sexual o por razón de sexo.

- Con la intención de dotar de transparencia del proceso, los pasos a seguir, la investigación, personas que intervendrán, etc.

- Las garantías de confidencialidad.

JURISPRUDENCIA

STS, rec. 2304/2008, de 26 de mayo de 2009, ECLI:ES:TS:2009:4395

«(...) la propia normativa laboral parte de la diferente posición del trabajador frente al empresario en esta materia, pues no es el trabajador quien debe organizar el trabajo y se atribuye en exclusiva al empresario la 'dirección y control de la actividad laboral' (art. 20 ET), imponiendo a éste el cumplimiento del 'deber de protección' mediante el que deberá garantizar la seguridad y salud de los trabajadores a su servicio en todos los aspectos relacionados con el trabajo, -- e incluso, aunque concierte con entidades especializadas en prevención complementaria, ello no le exime 'del cumplimiento de su deber en esta materia, sin perjuicio de las acciones que pueda ejercitar, en su caso, contra cualquier otra persona' (art. 14.2 y 4 LPRL) -- y, en suma, preceptuarse que "la efectividad de las medidas preventivas deberá prever las distracciones o imprudencias no temerarias que pudiera cometer el trabajador" (art. 15.4 LPRL)", que "es el empresario el que tiene la posición de garante ("empresario garante") del cumplimiento de las normas de prevención (arts. 19.1 ET y 14 LPRL)" y que "el trabajador tiene también sus obligaciones, pero más matizadas y menos enérgicas: debe observar en su trabajo las medidas legales y reglamentarias de seguridad (art. 19.2 ET), pero "según sus posibilidades", como dice expresamente el art. 29.1 LPRL. Tiene que utilizar correctamente los medios de protección proporcionados por el empresario, pero el trabajador no tiene la obligación de aportar estos medios, ni de organizar la prestación de trabajo de una manera adecuada».

2.2.3. Medidas frente al acoso impulsadas por el plan de igualdad

Conforme al art. 46.2 de la Ley Orgánica 3/2007, de 22 de marzo, el **procedimiento de actuación frente al acoso sexual y al acoso por razón de sexo formará parte de la negociación del plan de igualdad**. Asimismo, y conforme al art. 48 de la misma norma, **existen otras medidas que deberán** negociarse con la representación de las personas trabajadoras, tales como la elaboración y difusión de códigos de buenas prácticas, la realización de campañas informativas o acciones de formación.

El art. 12.2 de la reciente Ley Orgánica 10/2022, de 6 de septiembre, va más lejos al indicar:

«2. Las empresas podrán establecer medidas que deberán negociarse con los representantes de las personas trabajadoras, tales como la elaboración y difusión de códigos de buenas prácticas, la realización de campañas informativas, protocolos de actuación o acciones de formación.

De las medidas adoptadas, de acuerdo con lo dispuesto en el párrafo anterior, podrá beneficiarse la plantilla total de la empresa cualquiera que sea la forma de contratación laboral, incluidas las personas con contratos fijos discontinuos, con contratos de duración determinada y con contratos en prácticas. También podrán beneficiarse las becarias y el voluntariado. Asimismo, podrán beneficiarse de las anteriores medidas aquellas personas que presten sus servicios a través de contratos de puesta a disposición.

Las empresas promoverán la sensibilización y ofrecerán formación para la protección integral contra las violencias sexuales a todo el personal a su servicio.

Las empresas deberán incluir en la valoración de riesgos de los diferentes puestos de trabajo ocupados por trabajadoras, la violencia sexual entre los riesgos laborales concurrentes, debiendo formar e informar de ello a sus trabajadoras».

La información, sensibilización y formación, por tanto, son también estrategias básicas para que todos asuman su responsabilidad, evitando aquellas acciones que puedan resultar ofensivas, discriminatorias o abusivas *(Herramienta de apoyo n.º 9: acoso sexual y acoso por razón de sexo. Ministerio de Igualdad)*. Incluso, ahora, reflejándose normativamente la consideración del acoso sexual (o de cualquier índole) como un riesgo psicosocial, al especificar la obligación del empresario de informar a la plantilla de los riesgos a los que se exponen en su puesto de trabajo dentro de su obligación de protección eficaz en materia de seguridad y salud en el trabajo (art. 14 de la LPRL).

Código interno de conducta y buenas prácticas

Un código empresarial de conducta es un documento, redactado voluntariamente por una empresa, que describe los derechos, principios y estándares básicos que la mercantil se obliga a cumplir en relación a los/as trabajadores/as, la comunidad, el medio ambiente, sus proveedoras o subcontratistas, etc.

Este código de conducta define y desarrolla el conjunto de principios y valores de comportamiento primordial para un correcto desarrollo de la actividad empresarial. Ya sea por parte del personal interno de la propia empresa, o externo que desempeñe su función en el centro de trabajo, que deben adherirse al mismo y esforzarse por su cumplimiento. La aplicación del contenido del código de conducta se ajustará a los principios constitucionales y el resto de las disposiciones legales vigentes, no debiendo, en ningún caso, vulnerar las mismas (*Guía para la elaboración e implantación de un protocolo de acoso sexual en la empresa*. Ministerio de Trabajo. Gabinete de PRL de CEM).

Aunque los códigos son voluntarios para las compañías salvo especificación vía P.I (la norma específica «podrán establecer»), resultan herramientas útiles para institucionalizar de manera activa aspectos como (*Código de conducta y buenas prácticas*. Universitat de Valencia):

– Garantizar la igualdad de género en la institución.

– Conseguir que la empresa sea un espacio libre de violencias machistas (violencia de género, invisibilización de las mujeres en el lenguaje, violencia simbólica, cosificación del cuerpo de las mujeres, acoso, bromas sexistas, etc.).

– Posibilitar la modificación de comportamientos profesionales, cívicos, familiares y personales para lograr la igualdad de género en el entorno empresarial y empresas con las que exista relación.

– Concreta la actuación en materia de igualdad de género en diversos ámbitos, con pautas claras de comportamiento deseables y los que se consideren inapropiados en materia de igualdad de género.

– Explicar conductas que no son tolerables en la relación entre mujeres y hombres en la empresa.

– Cuando su redacción se imponga mediante el plan de igualdad dar cumplimiento a la obligación.

– Etcétera.

En el desarrollo de la actividad profesional de cualquier mercantil es imposible prever todas las preguntas o situaciones que pueden surgir. Conocido esto, el objetivo del código es proporcionar unas **pautas mínimas de conducta que orienten el comportamiento profesional y personal** (*Código de ética y conducta*. Repsol), para lo que, de forma similar al protocolo, el código instrumentará una serie de actuaciones frente al acoso u hostigamiento.

La severidad de las sanciones estará en función de la gravedad de las faltas cometidas. En casos de faltas leves se podrá llamar la atención y en el de delitos graves las sanciones podrán ir desde el término de la relación laboral, hasta la denuncia (penal o civil) ante las autoridades competentes (Código de Conducta Grupo Ruiz. Noviembre 2012). En cualquier caso, la dirección de la empresa podrá sancionar las acciones u omisiones culpables de los trabajadores que supongan un incumplimiento contractual de sus deberes laborales, de acuerdo con la graduación de las faltas establecida en el convenio colectivo. **STSJ Andalucía n.º 2377/2017, de 6 de septiembre, ECLI:ES:TSJAND:2017:8544.**

Algunos **ejemplos** interesantes de la eficacia jurídica de los códigos de conducta internos en la dirección y control de los trabajadores, son:

– **STSJ de Cataluña n.º 808/2011, de 2 de febrero de 2011, ECLI:ES:TSJCAT:2011:1864**: «Estamos en el supuesto que se analiza ante una transgresión de la buena fe contractual, que el artículo 54.2.d) del Estatuto de los Trabajadores sanciona con el despido cuando se trate de un incumplimiento grave y culpable. Dicha causa de despido se justifica, siguiendo criterios jurisprudenciales, por tratarse de una actuación contraria a los especiales deberes de conducta que debe presidir la correcta ejecución del contrato. La buena fe es consustancial al contrato de trabajo, pues su naturaleza genera derechos y obligaciones recíprocos, que se traduce en una exigencia de comportamiento ético, acorde a una serie de valoraciones objetivas, que limita o condiciona el ejercicio de los derechos subjetivos y que se concreta en valores que pueden traducirse por lealtad, honorabilidad, probidad y confianza; que la esencia de su incumplimiento no está en la causación de un daño, sino en el quebranto de los anteriores valores, por lo que a pesar de la inexistencia de perjuicio alguno a la empresa, a pesar de ser un elemento a considerar y ponderar en orden a su gravedad, no se enerva la transgresión, para cuya consideración también deben valorarse las condiciones personales y profesionales del trabajador y la confianza depositada en el mismo. Y, en este sentido, lo que se imputa al demandante, y se declara probado, es la transmisión a terceros de una serie de vehículos adquiridos por él en un período de tiempo inferior al año, incumpliendo con ello la norma interna para la adquisición de vehículos y sus condiciones, sin que conste haya contado con autorización de la empresa para dicha transmisión y sin que tampoco se acredite que dicha actuación irregular sea tolerada por la empresa».

– **STSJ de Canarias n.º 775/2015, de 9 de noviembre de 2015, ECLI:ES:TSJICAN:2015:4244**: «Para la cuestión de la aplicación del código de conducta ha de estarse a lo que se ha expuesto en la resolución de los motivos de revisión de hechos probados: aunque ese documento originariamente no estuviera pensado más que para ciertos trabajadores con funciones directivas, en la práctica se aplica a todos los empleados, y más en concreto al actor, desde el momento en que el contenido de ese documento se ha integrado expresamente en el contrato laboral individual».

La estructura y puesta en marcha de estos documentos suele ser similar a la del protocolo:

– **Declaración de principios**: donde se manifiesta la búsqueda de un clima laboral positivo y libre de cualquier actuación que, de forma directa o indirecta, pudiera atentar contra la dignidad de los trabajadores o trabajadoras de la empresa. Así como velar por los derechos fundamentales, en especial el respeto a la dignidad de la persona y la igualdad de trato entre mujeres y hombres.

– **Definiciones y determinación de situaciones de forma no exhaustiva**: definiciones y ejemplos de comportamientos considerados acoso sexual, acoso por razón de género, acoso moral, etc.

– **Nombrar encargados/as o constituir una infraestructura para su control y seguimiento.**

- **Responsabilidades y consecuencias de las conductas indeseadas**: a pesar de que no es habitual que se definan en los códigos internos los procesos concretos a seguir de suceder acoso, en caso de no contar con un protocolo claro, se recomienda —como mínimo— concretar las responsabilidades y, en su caso, sanciones a los incumplimientos. También es recomendable indicar un proceso a seguir para las denuncias y garantizar su confidencialidad.

- **Acciones para su divulgación y conocimiento**. Las personas responsables de los centros de trabajo deben comunicar de forma efectiva, entre todo su personal, la guía de buenas prácticas o código de conducta, sus principios y las conductas que no se admitirán en la organización.

CUESTIÓN

¿Qué diferencias existen entre un código de conducta y un convenio colectivo?

Los códigos pueden considerarse herederos de los antiguos «reglamentos de régimen interno» presentes en las empresas, no obstante, no pueden asimilarse a los convenios colectivos de empresa. Para que el contenido de un código de conducta pueda incorporarse a un convenio colectivo requiere la aceptación y acuerdo de la representación legal de los trabajadores.

El código de conducta no debe equipararse a un convenio colectivo ya que estas «instrucciones» pueden elaborarse de forma unilateral por la empresa sin necesidad de seguir los mecanismos de negociación con la representación de los trabajadores.

Campañas informativas

Las campañas de sensibilización e información por parte de las empresas aparecen en los planes de igualdad, cada vez con más frecuencia, como medida para generar empresas libres de acoso sexual y por razón de sexo hacia las mujeres.

La empresa, para sensibilizar a la plantilla tanto en la definición y formas de manifestación de los diferentes tipos de acoso, puede realizar campañas de sensibilización a través de **charlas, folletos, jornadas y cualquier otro medio que estime oportuno**.

Siempre respetando las conclusiones obtenidas sobre el análisis de la información en el diagnóstico previo, la tendencia actual en este punto desemboca en medidas dentro del P.I como:

- **Dentro del área de prevención acoso sexual y por razón de sexo**: comunicar e informar a toda la plantilla del protocolo establecido y su funcionamiento; difundir a toda la plantilla el protocolo de actuación, en los tablones de anuncios, intranet y demás medios de difusión de la organización, dando a conocer los canales para denunciar las situaciones que se produzcan.

- **Dentro del área de comunicación y lenguaje no sexista**: revisar y fomentar una cultura e imagen igualitaria en la empresa; actualizar el procedimiento de comunicación integrando un código de buenas prácticas en relación con la comunicación sexista; sensibilización en igualdad y difusión del Plan de Igualdad, etc.

- **Dentro del área de conciliación y corresponsabilidad**: realizar campañas informativas para el uso de medidas de corresponsabilidad entre los varones.

- **Dentro del área de salud laboral**: elaboración e implantación campañas informativas sobre riesgos laborales como el acoso.

CUESTIÓN

No realizar acciones de sensibilización, ¿es sancionable?

Dentro de la prevención de riesgos laborales, hemos de tener en cuenta que el acoso se engloba dentro de los denominados riesgos psicosociales en el ámbito laboral, por lo tanto, no informar debidamente incumpliría las obligaciones del empresario en materia de prevención de riesgos y sería sancionable. Con efectos de 07/10/2022, el art. 12.2 de la reciente Ley Orgánica 10/2022, de 6 de septiembre establece: «Las empresas promoverán la sensibilización y ofrecerán formación para la protección integral contra las violencias sexuales a todo el personal a su servicio».

Realización de acciones formativas

Es muy recomendable que la empresa impulse la formación en materia de igualdad, de acoso sexual y de acoso por razón de sexo dirigido a la dirección, mandos intermedios y a toda la plantilla, sobre todo a las personas con responsabilidades concretas en este ámbito y que vayan a asistir a las presuntas víctimas. Las empresas pueden realizar este tipo de acciones periódicamente ampliando el número de personas trabajadoras a las que se dirige (*Manual de referencia para la elaboración de procedimientos de actuación y prevención del acoso sexual y del acoso por razón de sexo en el trabajo*. Instituto de las Mujeres).

Siempre respetando las conclusiones obtenidas sobre el análisis de la información en el diagnóstico, la tendencia actual en este punto desemboca en medidas dentro del P.I como:

- **Dentro del área selección y acceso al empleo**: acciones tendentes a crear un programa de formación específico para la promoción y mejorar el sesgo de desigualdad de género, con la finalidad de favorecer la formación directiva, en habilidades y en liderazgo en las mujeres de la empresa con el fin de mejorar su posible desarrollo profesional y sus opciones de promoción.

- **Dentro del área de prevención acoso sexual y por razón de sexo**: formar en materia de acoso sexual y por razón de sexo a personal con responsabilidad y personal técnico, delegados y delegadas de prevención y a la comisión de seguimiento.

- **Dentro del área de promoción y formación**: crear un programa de formación específico para la promoción y mejorar el sesgo de desigualdad de género.

Mejoras en las medidas legales de protección integral contra la violencia de género o sexual

La aprobación de la Ley Orgánica de Medidas de Protección Integral contra la Violencia de Género (Ley Orgánica 1/2004, de 28 de diciembre) y la posterior Ley Orgánica 10/2022, de 6 de septiembre, de garantía integral de la libertad sexual, suponen un importante reconocimiento de derechos para la mujer víctima de la violencia de género y sexual.

Estas modificaciones legales, como hemos analizado, tienen su reflejo en el ámbito del Derecho social previendo la circunstancia de la mujer en el medio laboral. No es extraño encontrar que los planes de igualdad vayan más allá de un cumplimiento textual de las distintas normas configurando lo que podríamos denominar mejoras en las medidas legales de protección integral contra la violencia de género, mediante un protocolo específico.

A modo de **ejemplo** podemos citar la «Guía para el desarrollo de mejoras en las medidas legales de protección integral contra la violencia de género» desarrollada en el plan de igualdad de la empresa Etralux, SA. (BOE 9 de abril de 2019).

CUESTIÓN

En el ámbito sociolaboral, ¿qué medidas se han establecido para la protección de las mujeres víctimas de violencia de género o sexual?

Tendrán derecho (para hacer efectiva su protección) a:

- Movilidad geográfica con recolocación en otro centro de trabajo.

- Suspensión del contrato de trabajo con reserva de puesto de trabajo y derecho a percibir la prestación de desempleo.

- Extinción del contrato de trabajo con derecho a la prestación de desempleo.

- Las ausencias o faltas de puntualidad al trabajo motivadas por la situación física o psicológica derivada de las violencias sexuales se considerarán justificadas y serán remuneradas cuando así lo determinen los servicios sociales de atención o servicios de salud, según proceda, sin perjuicio de que dichas ausencias sean comunicadas por la trabajadora a la empresa a la mayor brevedad.

- El despido de la trabajadora víctima de violencia de género o sexual con motivo de ejercer sus derechos es considerado nulo.

- Bonificaciones para la sustitución de una trabajadora víctima de violencia de género o sexual que suspenda su contrato para hacer efectiva su protección.

- La reducción de la jornada de trabajo con disminución proporcional del salario o a la reordenación del tiempo de trabajo, a través de la adaptación del horario, de la aplicación del horario flexible o de otras formas de ordenación del tiempo de trabajo que se utilicen en la empresa.

- Realizar su trabajo total o parcialmente a distancia o a dejar de hacerlo si este fuera el sistema establecido, siempre en ambos casos que esta modalidad de prestación de servicios sea compatible con el puesto y funciones desarrolladas por la persona.

3.
PROTOCOLO PARA LA PREVENCIÓN Y EL TRATAMIENTO DEL ACOSO SEXUAL Y POR RAZÓN DE SEXO

La adopción por parte de la empresa de códigos éticos, procedimientos/ protocolos, medidas de atención y ayuda a las víctimas, o simplemente medidas de prevención o disuasorias para la prevención y el tratamiento del acoso sexual y el acoso por razón de sexo en el trabajo son instrumentos hábiles para la implantación de una cultura empresarial libre de violencia en la organización.

Los protocolos en esta materia persiguen prevenir y erradicar las situaciones constitutivas de acoso, en sus modalidades de acoso sexual, acoso por razón de sexo y acoso por otros actos discriminatorios entre personas de la corporación.

El procedimiento de actuación frente al acoso sexual y al acoso por razón de sexo formará parte de la negociación del plan de igualdad conforme al artículo 46.2 de la Ley Orgánica 3/2007, de 22 de marzo y Real Decreto 901/2020, de 13 de octubre.

3.1. Aspectos básicos a la hora de afrontar la realización e implantación de un protocolo

Las empresas deberán promover condiciones de trabajo que eviten la comisión de delitos y otras conductas contra la libertad sexual y la integridad moral en el trabajo, incidiendo especialmente en el acoso sexual y el acoso por razón de sexo, incluidos los cometidos en el ámbito digital.

Los protocolos en esta materia persiguen prevenir y erradicar las situaciones constitutivas de acoso, en sus modalidades de acoso sexual, acoso por razón de sexo y acoso por otros actos discriminatorios entre personas de la corporación, para lo que se fijará un **procedimiento de prevención y actua-**

ción para dar cauce a las denuncias o reclamaciones que puedan formular quienes hayan sido víctimas de estas conductas.

Como hemos reiterado, la **tendencia general** de los planes de igualdad es, por un lado, proponer como medida a cumplir la **elaboración y puesta en marcha de un protocolo** frente al acoso sexual y al acoso por razón de sexo en su ámbito, y, por otro, impulsar **acciones de sensibilización y formación para la protección integral** contra las violencias sexuales a todo el personal.

La nueva imposición legal de **cubrir la protección en el «ámbito digital»** supone un nuevo reto para los protocolos anitacoso y la obligación de extender sus medias, de forma demostrable y visible, a este entorno, hasta ahora limitado a **garantizar la desconexión digital.**

A la hora de reflejar por escrito un protocolo para la prevención y el tratamiento del acoso sexual y/o por razón de sexo en el trabajo debemos partir de las obligaciones existentes tanto en los arts. 46.2 de la LOI, 12 de la LO-GILS, así como en el anexo del Real Decreto 901/2020, de 13 de octubre, pudiendo concretar los siguientes extremos:

Negociación de un protocolo

Para la prevención y el tratamiento del acoso sexual y por razón de sexo en función del origen de la implantación de la medida.

Dotar de infraestructura frente al acoso a la empresa

La instrucción de un procedimiento de este tipo será responsabilidad exclusiva de la empresa y, de decidirse en el protocolo o vía convenio, participará la representación sindical o la persona responsable de igualdad designada por ésta para los casos de acoso sexual o por razón de sexo.

Procedimiento de comunicación para la tramitación de las reclamaciones o denuncias de acoso sexual o por razón de sexo

El protocolo para la prevención y el tratamiento del acoso sexual y por razón de sexo ha de contener un procedimiento de comunicación para la tramitación de las reclamaciones o denuncias de acoso sexual o por razón de sexo. Con el fin de cumplir cualquier requerimiento legal, no estará de más habilitar una opción para el acoso digital

Ámbito de aplicación, vigencia y objetivo del protocolo

a) Ámbito de aplicación: será el previamente definido o el mismo que el P.I, a modo de ejemplo:

«Convenio colectivo de mayoristas e importadores de productos químicos industriales y de droguería, perfumería y anexos. (BOE 21/09/2018).

El presente protocolo será de aplicación a todo el personal de las empresas incluidas en el ámbito funcional del artículo 1 del presente Convenio colectivo que no tuvieran un protocolo propio».

De las medidas adoptadas, de acuerdo con lo dispuesto en el art. 12.2 de la LOGILS, podrá beneficiarse la plantilla total de la empresa cualquiera que sea la forma de contratación laboral, incluidas las personas con contratos fijos discontinuos, con contratos de duración determinada y con contratos en prácticas. También podrán beneficiarse las becarias, el voluntariado o las personas trabajadoras puestas a disposición por las ETT.

> **RESOLUCIÓN RELEVANTE**
>
> **STSJ Castilla-La Mancha, de 23 de noviembre de 2017, ECLI:ES:TSJCLM:2017:2657**
>
> Se valida el despido disciplinario por acoso a una trabajadora de otra empresa con la que se comparte centro de trabajo. Para la sala de lo social es intrascendente la no aplicación del protocolo por ceñirse al ámbito de la empresa.

b) La **vigencia del protocolo**: ha de atenderse a lo fijado en la negociación correspondiente, a modo de ejemplo:

«Protocolo para la prevención y actuación en los casos de acoso del Convenio colectivo estatal del sector de industrias cárnicas. (BOE 28/08/2018).
5. Ámbito de aplicación y vigencia
Este procedimiento afecta a todas las personas vinculadas contractualmente a la empresa, ya sea mediante contrato mercantil, laboral o de confianza y deberá ser respetado por el personal de cualquier empresa auxiliar que opere en el centro o centros de trabajo de la empresa.
El presente protocolo será de aplicación a todo el personal de las empresas incluidas en el ámbito funcional del artículo 2 del convenio colectivo estatal del sector de industrias cárnicas que cuenten con representación legal de los trabajadores y no tengan un protocolo propio de prevención del acoso sexual y/o moral.
El presente protocolo tendrá una vigencia indefinida, sin perjuicio de que, en función de las necesidades que se detecten, se puedan modificar o incorporar acciones, después de la negociación correspondiente».

c) **Objetivo del protocolo**: el protocolo persigue prevenir y erradicar la comisión de delitos y otras conductas contra la libertad sexual y la integridad moral en el trabajo, constitutivas de acoso sexual y acoso por razón de sexo, pudiendo extenderse a las situaciones de acoso moral o *mobbing*.

Instaurar un procedimiento de comunicación para la tramitación de las reclamaciones o denuncias de acoso sexual o por razón de sexo

El protocolo para la prevención y el tratamiento del acoso sexual y por razón de sexo ha de contener un procedimiento de comunicación para la tramitación de las reclamaciones o denuncias de acoso sexual o por razón de sexo.

> «El protocolo se erige de este modo en instrumento de actuación frente a situaciones de violencia laboral integrada en el sistema general de gestión de la empresa. El protocolo no es más que un procedimiento, una forma de analizar una denuncia de posible existencia de conducta de acoso». (STSJ de las Is. Canarias n.º 1219/2020, de 30 de octubre de 2020, ECLI:ES:TSJICAN:2020:2120).

La comunicación del acoso debe activar un **procedimiento de información y asesoramiento**. De esta forma, a partir del conocimiento de los hechos por parte del al persona u organismo encargado, será posible **asesor a la persona afectada para que presente una denuncia, archivar el caso** de no entenderse como un supuesto de acoso, **o iniciar un procedimiento de investigación «de oficio»** por parte de la empresa.

Investigación e informe de la situación

Una vez recibida la denuncia el protocolo debe fijar el inicio de las actuaciones necesarias. Que irán desde el nombramiento de una comisión de investigación a la implementación de medidas cautelares o preventivas mientras dure la investigación.

Es recomendable cumplimentar un informe reflejando información como (*Protocolo para la prevención y abordaje del acoso sexual y por razón de sexo en la empresa*. Consejo de Relaciones Laborales de Cataluña):

a) Identificación de la persona denunciante.

b) Identificación de la persona o personas acosada/s y acosadora/s.

c) Relación nominal de las personas que hayan participado en la investigación y en la elaboración del informe.

d) Antecedentes del caso, denuncia y circunstancias.

e) Otras actuaciones: pruebas, resumen de los hechos principales y de las actuaciones realizadas.

f) Alegaciones y pruebas aportadas por la persona supuestamente acosadora/s.

g) Circunstancias agravantes observadas:

- La persona denunciada es reincidente en la comisión de actos de acoso.
- Haya dos o más personas acosadas.
- Se acreditan conductas intimidadoras o represalias por parte de la persona acosadora.
- La persona acosadora tiene poder de decisión respecto de la relación laboral de la persona acosada.
- La persona acosada tiene algún tipo de discapacidad.

- El estado físico o psicológico de la persona acosada ha sufrido graves alteraciones, acreditadas por uno/a médico/a.
- Se realizan presiones o coacciones a la persona acosada, testigos o personas de su entorno laboral o familiar con la intención de evitar o perjudicar la investigación que se está realizando.

h) Conclusiones.

Resolución y comunicación del resultado de la investigación

Atendiendo a las conclusiones del informe de investigación se aplicarán medidas correctoras (expediente sancionador haciendo constar la falta y el grado de la sanción coherentes en función de la gravedad de la conducta, medidas de tipo organizativo como el cambio de centro de trabajo, horario, turno, etc.) o el archivo de la denuncia.

La resolución de la investigación se proporcionará por escrito a la persona denunciante y a la denunciada, así como a la representación legal de las personas trabajadoras.

En paralelo se incoará el expediente disciplinario que corresponda.

Respeto a la confidencialidad y posibilidad de denuncia externa

Será necesario fijar, de acuerdo con la LOPDGDD, la obligación de guardar una estricta confidencialidad, garantizando el tratamiento reservado de la información en las situaciones que pudieran ser constitutivas de acoso. A lo largo de todo el procedimiento se mantendrá una estricta confidencialidad y todas las investigaciones internas se llevarán a cabo con tacto y con el debido respeto tanto hacia la persona que ha presentado la denuncia como hacia la persona denunciada, que tendrá la presunción de inocencia.

La **comisión de igualdad (u organismos al efecto)** pondrá, de forma expresa, en conocimiento de todas las personas intervinientes la obligación de confidencialidad.

Especialmente ante actos de acoso graves o muy graves, con independencia del proceso interno, nuestro protocolo puede prever —y facilitar— que la persona inicie acciones administrativas y judiciales frente a la policía, guardia civil o juzgado.

Procedimiento de seguimiento, evaluación y revisión del protocolo

Dentro del entorno de mejora continua que caracteriza cualquier proceso encaminado a lograr la igualdad, corresponderá a la comisión de igualdad (u otra comisión paritaria creada al efecto) realizar el control, seguimiento y evaluación de la aplicación del protocolo con la finalidad de comprobar su efectivo funcionamiento y eficacia, lo que ha de quedar reflejado en un informe específico.

Si se detectaran deficiencias será necesario proponer modificaciones, y en su caso, adoptarlas, mediante la modificación del propio protocolo o dentro de las medidas específicas del plan de igualdad.

A estos efectos, a la comisión u organismos creados al efecto se le deberán asignar funciones como:

- Revisión de todas las denuncias de acoso presentadas.
- Elaboración de un informe (con respeto del derecho a la intimidad y confidencialidad) de las actuaciones realizadas en la materia, que será de acceso público.
- Elaborará un informe anual para asegurar la eficacia y confidencialidad del protocolo y adaptarlo si se considera necesario.
- Etc.

RESOLUCIÓN RELEVANTE

STSJ de Madrid n.º 12/2024, de 21 de marzo de 2024, ECLI:ES:TSJM:2024:3572

El TSJ Madrid confirma el despido de una trabajadora por insultos y agresión verbal a otra compañera a la que previamente había denunciado por acoso no probado. El fallo muestra la importancia de la tramitación del protocolo anti acoso donde se resolvió de forma clara que no había existido ninguna situación de acoso a la trabajadora despedida.

Prohibición de cualquier represalia

El art. 9 de la LOI prohíbe expresamente cualquier represalia contra las personas que efectúen una denuncia, atestigüen, colaboren o participen en las investigaciones que se lleven a cabo, y contra aquellas personas que se opongan a cualquier situación de acoso frente a sí mismo o frente a terceros. A los efectos de cualquier protocolo, será plenamente aplicable el derecho de indemnidad ante la vulneración del derecho fundamental a la obtención de tutela judicial efectiva recogido en el artículo 24.1 de la Constitución Española, así como los artículos 6 (discriminación directa o indirecta), 9 (indemnidad frente a represalias), 10 (consecuencias jurídicas de las conductas discriminatorias) y 12 (tutela judicial efectiva), de la Ley Orgánica 3/2007, de 22 de marzo, para la igualdad efectiva de mujeres y hombres. Los arts. 53.4.b) y 55.5.b) también protegen a las trabajadoras víctimas de violencia de género o de violencia sexual frente al despido por el ejercicio de su derecho a la tutela judicial efectiva o de los derechos reconocidos para hacer efectiva su protección o su derecho a la asistencia social integral.

La actuación, siguiendo el procedimiento establecido en el protocolo, no impide que se pueda promover y tramitar cualquier otra acción para exigir responsabilidades administrativas, sociales, civiles o penales.

Se deberá prestar también una atención especial a la evitación de posibles situaciones de hostilidad en el entorno de trabajo, cuando se produce la reincorporación del empleado/a que haya estado de baja laboral, después de una denuncia de acoso.

Con el fin de lograr una mayor protección en materia de seguridad y salud en el trabajo, sería posible unificar en un único protocolo las materias de discriminación, acoso y prevención de riesgos psicosociales.

Fijar una serie de infracciones y sanciones derivadas de situaciones de acoso

Ante la situación de acoso, y en función de la gravedad de las conductas, se regulan, habitualmente de forma paralela a la regulación colectiva, sanciones disciplinarias como:

- **Suspensión de empleo y sueldo**: la suspensión del contrato de trabajo por motivos disciplinarios se recoge en los arts. 20, 45 y 58 del ET. Mientras se mantenga esta situación cesarán las obligaciones de trabajar y de remuneración y el trabajador se encontrará en situación asimilada al alta a efectos de cotización.
- **Despido disciplinario**: la última de las causas a las que se refiere el art. 54 del ET como merecedora del despido disciplinario es «el acoso por razón de origen racial o étnico, religión o convicciones, discapacidad, edad u orientación sexual y el acoso sexual o por razón de sexo al empresario o a las personas que trabajan en la empresa».
- **Traslado forzoso o movilidad funcional o inhabilitación** para el ascenso/promoción profesional durante un período de tiempo: a pesar de ser una opción más usual en las administraciones públicas, fuera de la movilidad funcional ordinaria previstas en el art. 39 del ET distintos convenios permiten el traslado por motivos disciplinarios a otro centro de trabajo o la inhabilitación para el ascenso profesional durante un período de tiempo.
- Cambio de turno de trabajo, etc.

Paso a la vía externa de solución del conflicto

En función de la gravedad del caso, o una vez aplicado el protocolo antiacoso, la víctima también cuenta con vías externas para la denuncia de las situaciones de acoso. También resulta recomendable que nuestro protocolo refleje la posibilidad de acudir a la Inspección de Trabajo y Seguridad Social o la jurisdicción social.

Depósito de medidas y protocolos para prevenir el acoso sexual y por razón de sexo

El Real Decreto 901/2020, de 13 de octubre, desarrolla la obligación de registro de los planes de igualdad mediante la modificación del Real Decreto 713/2010, de 28 de mayo, sobre registro y depósito de convenios y acuerdos colectivos de trabajo, extendiendo dicha obligación a todos los planes de igualdad, al margen de su origen y naturaleza, así como el **depósito voluntario** de las medidas y protocolos de prevención del acoso sexual y por razón de sexo, que, en defecto de los planes de igualdad, están obligadas todas las empresas a elaborar y aplicar en los términos establecidos en los artículos 45.1 y 48 de la Ley Orgánica 3/2007, de 22 de marzo (art. 12 del Real Decreto 901/2020, de 13 de octubre y D.A. 2.ª del Real Decreto 713/2010, de 28 de mayo).

El Registro de Acuerdos y Convenios Colectivos (**REGCON**) incorpora entre sus trámites la opción para registrar los planes de igualdad a los que se podrá adjuntar los protocolos o medidas fijadas al efecto.

El art. 6.a) del RD 713/2010, de 28 de mayo, considera como solicitante válido para la inscripción en el registro de un plan de igualdad o acuerdo: la persona designada por la comisión negociadora.

RESOLUCIONES RELEVANTES

STSJ de Murcia n.º 1248/2023, 12 de diciembre de 2023, ECLI:ES:TSJMU:2023:2468

El TSJ determina que la falta de seguimiento del procedimiento establecido en convenio colectivo no invalida automáticamente un despido por acoso ante defectos de forma. La sala de lo social considera procedente el despido de un empleado a pesar de no seguir el protocolo de acoso establecido por convenio. Los hechos demostrados justificaron la gravedad de la sanción de despido, y el convenio no requería explícitamente la adhesión al procedimiento para la sanción de despido. «(...) no estableciéndose ningún requisito adicional [en el régimen disciplinario del convenio aplicable] a los previstos en el art. 55.1 ET para la imposición de la sanción de despido».

STSJ de las Is. Canarias n.º 1219/2020, de 30 de octubre de 2020, ECLI:ES:TSJICAN:2020:2120

Analizando la no activación del protocolo de acoso existiendo factores de riesgo psicosociales, se condena a la empresa (Ayuntamiento) a una indemnización por daño moral.

En el fallo se condena a una entidad local por no activar el protocolo de acoso laboral ante indicios de riesgo psicosocial, lo que ha derivado en un daño moral para la parte afectada. La resolución remarca la obligación de integrar la prevención de riesgos laborales en la gestión empresarial conforme al artículo 16 de la LPRL, y define las etapas y responsabilidades en la activación y tramitación de un protocolo de acoso, recalcando que la omisión de dichas medidas es constitutiva de infracción grave según el artículo 12.16 de la LISOS. El caso en cuestión no cuestiona la existencia de acoso laboral, sino el incumplimiento de las obligaciones relacionadas con la prevención de riesgos psicosociales y la no activación del protocolo de acoso del Ayuntamiento, lo que resultó en incumplimiento de las normativas de seguridad y salud en el trabajo, garantizando así la tutela constitucional preventiva según la Doctrina Constitucional.

3.2. Negociación e infraestructura para un protocolo de prevención del acoso sexual en la empresa

Establecer un protocolo de prevención del acoso sexual negociado con los representantes de los trabajadores y crear comisiones para su implementación y seguimiento serán dos de las claves para dotar a la empresa de una infraestructura frente al acoso sexual y por razón de sexo.

3.2.1. Negociación de un protocolo para la prevención y el tratamiento del acoso sexual y por razón de sexo

La norma obliga a establecer medidas que «deberán negociarse con los representantes de los trabajadores» (art. 48.1 de la LOI).

Ante la ausencia de un marco estandarizado sobre la negociación de los protocolos tratados, en función del origen de la implantación de la medida, podemos establecer:

Negociación cuando exista plan de igualdad u obligación de tenerlo

Se recomienda incluir un protocolo o manual frente al acoso sexual y por razón de sexo negociándolo dentro del mismo de acuerdo con el art. 5 del Real Decreto 901/2020, de 13 de octubre, respetando, en todo caso, las exigencias relacionadas con la existencia de RLT, grupo de empresa, centros de trabajo con/sin representación, etc.

Obligación vía convenio colectivo

La primera premisa en este aspecto será el **cumplimiento de cualquier cláusula o artículo del convenio colectivo aplicable instaurando la obligación y metodología para la negociación del protocolo**, entendiendo necesario consulta, negociación y acuerdo entre la parte empresarial y la representación legal de las personas trabajadoras en la empresa.

Dentro de la prevención de riesgo laborales (PRL)

las empresas deberán incluir en la valoración de riesgos de los diferentes puestos de trabajo ocupados por trabajadoras, la violencia sexual entre los riesgos laborales concurrentes, debiendo formar e informar de ello a sus trabajadoras (art. 12.1 de la LOGILS). Como medida que pudiera englobarse dentro de los procedimientos de seguridad y salud, adquiere especial interés el respeto al art. 33.1 b) de la LPRL:

> «Artículo 33. Consulta de los trabajadores.
> El empresario deberá consultar a los trabajadores, con la debida antelación, la adopción de las decisiones relativas a:
> (...)
> b) La organización y desarrollo de las actividades de protección de la salud y prevención de los riesgos profesionales en la empresa, incluida la designación de los trabajadores encargados de dichas actividades o el recurso a un servicio de prevención externo».

c) **Imposición unilateral por parte de la empresa**: al amparo del poder de dirección y control de la actividad laboral regulado en el art. 20.3 del ET, el empresario podrá adoptar las medidas que estime más oportunas de vigilancia y control para verificar el cumplimiento por el trabajador de sus obligaciones y deberes laborales. La empresa podría impulsar un código de conducta o manifestar su postura frente a este tipo de comportamientos y la aplicación del régimen disciplinario al efecto, pero **el protocolo, siguiendo el art 48.1 de la LOI, deberá negociarse con los representantes de los trabajadores.**

3.2.2. Infraestructura frente al acoso en la empresa

La instrucción de un procedimiento de este tipo será responsabilidad exclusiva de la empresa y, de decidirse en el protocolo o vía convenio, participará la representación sindical o la persona responsable de igualdad designada por ésta para los casos de acoso sexual o por razón de sexo.

La comisión de igualdad, o un grupo o comisión puntual (comisión instructora) creado ante la comunicación de una denuncia por los cauces establecidos, pueden ser los encargados de investigar, elaborar informes y adoptar las medidas necesarias con la celeridad, confidencialidad, protección de la intimidad, imparcialidad, protección del derecho de defensa que exigen estos procesos.

En el ámbito de aplicación de un protocolo, la comisión instructora intervendrá tanto en los procedimientos formales como informales, y se constituirá una comisión por cada denuncia interpuesta. Su constitución ha de ser paritaria entre empresa y RLT. Entre sus miembros (de número a determinar en cada caso o según las propias instrucciones del protocolo), se elegirá:

- Un instructor/a: llevar a cabo la tramitación administrativa del expediente y su custodia, a cuyo efecto realizará las citaciones y levantamiento de actas que proceda, así como dar fe de su contenido, supervisar todas las actuaciones y, en su caso, elaborar el informe de conclusiones.

- Cualquier figura que se determine como asesores/as, secretarios/a, etc.

Obviamente, la persona o personas encargadas de la instrucción del procedimiento han de cumplir con ciertas condiciones:

- Ha de tratarse se alguien objetivo e imparcial, por lo que no podrán ser instructoras de estos procedimientos quienes tengan el carácter de persona denunciada o denunciante.

- No podrá tener relación de dependencia directa o parentesco con cualquiera de las partes implicadas, etc.

Comité de prevención del acoso

Una figura emergente en las grandes empresas es la del «Comité de prevención del acoso», como instrumento permanente encargado de estudiar y valorar cada caso. Su funcionamiento se regirá por lo dispuesto en un reglamento interno, que aprobará el propio comité en su primera reunión.

De existir esta figura podrá centralizar competencias y responsabilidades como:

- Recibir denuncias, quejas, reclamaciones, sugerencias o consultas en relación con situaciones de acoso.
- Realizar la investigación de los supuestos de acoso que se planteen.
- Recopilar y analizar las de carácter documental o entrevistas necesarias.
- Vigilar el cumplimento de la confidencialidad del asunto y de las personas implicadas y la igualdad de trato entre éstas.
- Redactar un informe con la propuesta de medidas a adoptar.
- Dar seguimiento a las denuncias planteadas y las acciones correctoras emprendidas.
- Etc.

Comisión de investigación

Según se acuerde en el protocolo, la empresa podrá constituir una comisión de investigación en un plazo prudencial desde la recepción de la denuncia. Esta comisión podrá estar formada por un representante de la empresa, un miembro del servicio de prevención (en caso de contar con servicio de prevención propio), un delegado de prevención (salvo que la víctima renuncia a su presencia), representantes sindicales, o incluso personal externo.

La comisión de investigación será la encargada de resolver el expediente, y proponer las medidas o acciones precisas, no solo para el caso concreto, sino también para evitar futuros riesgos.

Comité de seguridad y salud y delegadas y delegados de prevención

La LPRL establece la obligación de constituir en las empresas o en los centros de trabajo de 50 o más trabajadores el comité de seguridad y salud, como órgano paritario y colegiado de participación en materia de PRL. Del mismo modo, el art. 35 de la LPRL define a los delegados de prevención como los representantes de los trabajadores con funciones específicas en materia de prevención de riesgos en el trabajo.

Diversos protocolos recurren a estas figuras como paso preliminar para la iniciación del proceso de denuncia o configuran su existencia dentro de las distintas comisiones de investigación o prevención del acoso ya citadas. Esto tiene lógica ya que en última instancia el acoso supone un riesgo psicosocial de obligada evaluación y sobre el que deberán aplicarse medidas preventivas y/o correctoras dentro del área de la salud laboral.

3.3. Definición de conductas y declaración de principios frente al acoso en la empresa

Un denominador común a todos los protocolos sobre acoso sexual y acoso por razón de sexo es la definición conceptual de las conductas sobre las que se pretende actuar. Esto hace imprescindible definir en el propio protocolo —de manera meramente ejemplificativa, y en ningún caso exhaustiva— situaciones como acoso sexual, acoso por razón de sexo, chantaje sexual, acoso sexual ambiental y acoso moral, conductas indeseables verbales, no verbales o de carácter físico, etc. (art. 7 de la LOI).

A modo de **ejemplo**:

«**Medidas para prevenir el acoso sexual y por razón de sexo en el trabajo y protocolo de actuación en el ámbito de las empresas del sector del comercio (BOE 20/02/2012):**
El artículo 7 de la Ley Orgánica 9/2007, de 22 de marzo para la igualdad efectiva de mujeres y hombres, define:
Acoso Sexual: como cualquier comportamiento, verbal o físico, de naturaleza sexual que tenga el propósito o produzca el efecto de atentar contra la dignidad de una persona, en particular cuando se crea un entorno intimidatorio, degradante u ofensivo.
Acoso por razón de sexo: como cualquier comportamiento realizado en función del sexo de una persona, con el propósito o el efecto de atentar contra su dignidad y de crear un entorno intimidatorio, degradante u ofensivo
El carácter laboral se presume al producirse en el ámbito de la organización de la empresa, así como cuando la conducta se pone en relación con las condiciones de empleo, formación o promoción en el trabajo.
El condicionamiento de un derecho o de una expectativa de derecho a la aceptación de una situación constitutiva de acoso sexual y/o acoso por razón de sexo se considera también acto de discriminación por razón de sexo, del mismo modo que los dos tipos de acoso».
«**Protocolo por acoso sexual y acoso por razón de sexo convenio colectivo del sector de empresas de publicidad (BOE 10/02/2016)**
Se considerará acoso sexual cualquier comportamiento contrario a la dignidad y libertad sexual, cuyo carácter ofensivo e indeseado por parte de la víctima es o debería ser conocido por la persona que lo realiza, pudiendo interferir negativamente en su contexto laboral o cuando su aceptación sea utilizada como condición para evitar consecuencias adversas tanto en el desarrollo del trabajo como en las expectativas de promoción de la víctima.
Constituye acoso por razón de sexo toda conducta gestual, verbal, comportamiento o actitud que atente, por su repetición y/o sistematización, contra la dignidad y la integridad física o psíquica de una persona, que se produzca en el marco de organización y dirección de una empresa, degradando las condiciones de trabajo de la víctima y poniendo en peligro su empleo».

En este punto la totalidad de protocolos publicados contienen definiciones que podrán tomarse como referencia, pero siempre teniendo en cuenta que apartarse de las aportadas por la norma (art. 7.1 de la LOI) supone añadir condiciones más restrictivas a la consideración de acoso.

3.4. Declaración de principios frente al acoso en la empresa

También es recomendable consignar por escrito la **declaración de principios y medidas de prevención**, estableciendo una serie de medidas a seguir para definir, prevenir, denunciar y erradicar, todas aquellas conductas que supongan acoso laboral en el ámbito de la empresa.

A modo de **ejemplo**:

«**Medidas para prevenir el acoso sexual y por razón de sexo en el trabajo y protocolo de actuación en el ámbito de las empresas del sector del comercio (BOE 20/02/2012)**

Todos los trabajadores y las trabajadoras tienen derecho a un entorno laboral libre de conductas y comportamientos hostiles o intimidatorios hacia su persona, a un entorno laboral que tiene que garantizar su dignidad, así como su integridad física y moral.

Este tipo de conductas, que deberían ser calificadas por los convenios colectivos de aplicación como faltas muy graves, deben ser tratadas en un contexto o procedimiento interno de conflictos que, sin desechar la utilización de cualquier medio legal al alcance de la trabajadora o el trabajador acosados, nos permita actuar con prontitud en el ámbito de la empresa, garantizando siempre la intimidad de la persona denunciante y denunciada.

Las organizaciones firmantes del presente acuerdo se comprometen, con el fin de proteger la dignidad de las personas, en aras de mantener y crear un ambiente laboral respetuoso, a la prevención y a la aplicación del mismo como vía de solución de aquellos casos de acoso sexual y/o por razón de sexo.

A tal efecto, las partes firmantes en su legítima representación de las empresas y trabajadores/as del sector, en consideración al debido respeto a la dignidad de la persona en todos los aspectos y ámbitos sociales en las que ésta se manifiesta y desenvuelve, en sintonía con lo establecido en la Ley de Igualdad, y con el objetivo de asegurar el ejercicio efectivo del derecho de todas las personas que integran la organización a la protección a su dignidad en el trabajo, se comprometen a promover:

- La concienciación, la información y la prevención del acoso sexual y/o acoso por razón de sexo en el lugar de trabajo o en relación con el trabajo, y a tomar las medidas apropiadas para proteger a las trabajadoras y los trabajadores de tal conducta.

- La concienciación, la información y la prevención de acciones recurrentes, censurables o manifiestamente negativas y ofensivas dirigidas contra trabajadoras o trabajadores individuales en el puesto de trabajo o en relación con el trabajo, y a tomar todas las medidas adecuadas para protegerles de tal conducta.

- Un trato cortés, respetuoso y digno hacia, y entre, todas las personas de la empresa».

Esta fase suele reforzarse mediante la firma de un **modelo de compromiso o declaración de principios por parte de la organización.**

A modo de **ejemplo:**

«VIII Convenio colectivo de Renault España Comercial, SA (BOE 27/06/2011)

Declaración de principios.

RECSA expresa su deseo y convicción de que todos los trabajadores/as sean tratados con dignidad, continuamos comprometidos con la creación, mantenimiento y protección, con las medidas que sean precisas, de un entorno laboral respetuoso con todos los empleados/as que integran la empresa.

Por ello manifestamos nuestra preocupación y compromiso permanente en evitar y resolver cualquier tipo de acoso por razón de sexo que pueda llegar a producirse en la organización.

Con ese fin la dirección de la empresa y la representación de los trabajadores/as, acuerdan regular a través de un protocolo el problema del acoso sexual en el trabajo estableciendo un método que se aplique tanto para prevenir como para dar solución a las reclamaciones relativas a dicho acoso, con las debidas garantías y tomando en consideración la normativa laboral de referencia y las declaraciones de principios y derechos fundamentales en el trabajo».

3.5. Tramitación de las reclamaciones o denuncias de acoso sexual o por razón de sexo en la empresa

El protocolo para la prevención y el tratamiento del acoso sexual y por razón de sexo ha de arbitrar procedimientos específicos para su prevención y para dar cauce a las denuncias o reclamaciones que puedan formular quienes hayan sido víctimas de estas conductas, incluyendo específicamente las sufridas en el ámbito digital (art. 12 de la LOGILS).

Las empresas deberán arbitrar procedimientos específicos para dar cauce a las denuncias o reclamaciones que puedan formular quienes hayan sido víctimas de delitos y otras conductas contra la libertad sexual y la integridad moral en el trabajo, incluyendo específicamente las sufridas en el ámbito digital (art. 12 de la LOGILS). Dada la ausencia de especificaciones normativas, proponemos instaurar las siguientes **fases del proceso** (todas ellas respetando la confidencialidad, privacidad, intimidad e imparcialidad):

Fase de denuncia

El procedimiento ha de ser ágil y rápido, ha de otorgar credibilidad y tiene que proteger la confidencialidad y la dignidad de las personas afectadas; a tal efecto y al inicio del mismo, se recomienda asignar códigos numéricos a las partes afectadas; asimismo procurará la protección suficiente de la víctima en cuanto a su seguridad y salud, interviniendo para impedir la continuidad de las presuntas situaciones de acoso y estableciendo a este efecto las medidas cautelares necesarias, teniendo en cuenta las posibles consecuencias tanto físicas como psicológicas que se deriven de esta situación, atendiendo especialmente a las circunstancias laborales que rodeen a la presunta/o agredida/o.

PROCEDIMIENTO INFORMAL	Aplicable cuando se detecte una conducta sexista sin consideración de acoso sexual o por razón de sexo con el fin de solucionar el problema de forma extraoficial y correctiva. Podrá formalizarse de forma verbal (o escrita) por parte de la víctima o persona que conozca la situación. Se transmitirá la queja y la actuación a seguir, incluido un procedimiento de investigación, según se defina, sujeta a un plazo máximo. El resultado del informe o conclusiones obtenidas se transmitirá a dirección dando por terminado el proceso o comenzando el formal de ser necesario.
PROCEDIMIENTO FORMAL	Aplicable cuando se detecte una conducta con la consideración de acoso sexual o por razón de sexo. Podrá formalizarse de forma escrita por parte de la víctima o persona que conozca la situación. Supondrá la presentación por parte de la persona implicada de queja, reclamación, denuncia, demanda o recurso, de cualquier tipo, destinados a impedir su discriminación y a exigir el cumplimiento efectivo del principio de igualdad de trato entre mujeres y hombres en el ámbito laboral. A partir del conocimiento de la denuncia la actuación a seguir, incluido un procedimiento de investigación, según se defina, sujeta a un plazo máximo. Se escuchará a las partes estableciendo medidas preventivas de ser necesario. Tras la emisión del informe se adoptarán medidas correctivas siguiendo la gravedad de la falta y la sanción impuesta por convenio.

La denuncia dará lugar a la inmediata **apertura de expediente informativo por parte de la empresa**, especialmente encaminado a averiguar los hechos e impedir la continuidad del acoso denunciado, para lo que se articularán las medidas oportunas al efecto, quedando la empresa exonerada de la posible responsabilidad por vulneración de derechos fundamentales.

Según se determine, o si así lo solicita la persona afectada, el inicio del proceso se pondrá en conocimiento inmediato de la representación sindical la situación planteada.

En las averiguaciones a efectuar no se observará más formalidad que la de dar trámite de audiencia a todos los intervinientes, practicándose cuantas diligencias puedan considerarse oportunas para el esclarecimiento de los hechos acaecidos.

Es necesario que la tramitación se realice de forma urgente y que se fije un plazo máximo para la resolución de las reclamaciones o denuncias que se tramiten.

CUESTIÓN

¿Existe un contenido mínimo para una denuncia de acoso?

La norma no lo establece, dependerá de lo definido por convenio o protocolo de actuación. Siguiendo el manual de referencia para la elaboración de procedimientos de actuación y prevención del acoso sexual y del acoso por razón de sexo en el trabajo del Ministerio de Sanidad Servicios Sociales e Igualdad, la denuncia ha de contener:

- Identificación de la presunta persona acosada, de la presunta persona acosadora y de la persona denunciante, si es distinta a la víctima.

- Fechas y lugares en que se produjeron las conductas.

- Descripción detallada y lo más precisa posible de los hechos, actos o incidentes que dan lugar a la denuncia.

- Identificación de las posibles personas testigos del acoso.

Procedimiento informal para la comunicación acoso sexual o por razón de sexo

En atención a que en la mayoría de los casos lo que se pretende simplemente es que la conducta indeseada cese, en primer lugar, y como trámite extraoficial, se valorará la posibilidad de seguir un procedimiento informal, en virtud del cual la propia persona interesada explique claramente a la persona que muestra el comportamiento indeseado, que dicha conducta no es bien recibida, que es ofensiva o incómoda, y que interfiere en su trabajo, a fin de cesar en la misma. Dicho trámite extraoficial podrá ser llevado a cabo, si la persona interesada así lo decide y, a su elección, por un representante de los trabajadores en la empresa, tanto del órgano unitario como, en su caso, del sindical, por el superior inmediato, o por un responsable del departamento de personal de la empresa [*VI Acuerdo laboral de ámbito estatal para el sector de hostelería* (BOE 10/03/2023)].

El presente procedimiento podría ser adecuado para los supuestos de acoso laboral no directo sino ambiental, en los que lo que se ve afectado es el entorno laboral, creándose un ambiente de trabajo ofensivo, humillante, intimidatorio u hostil.

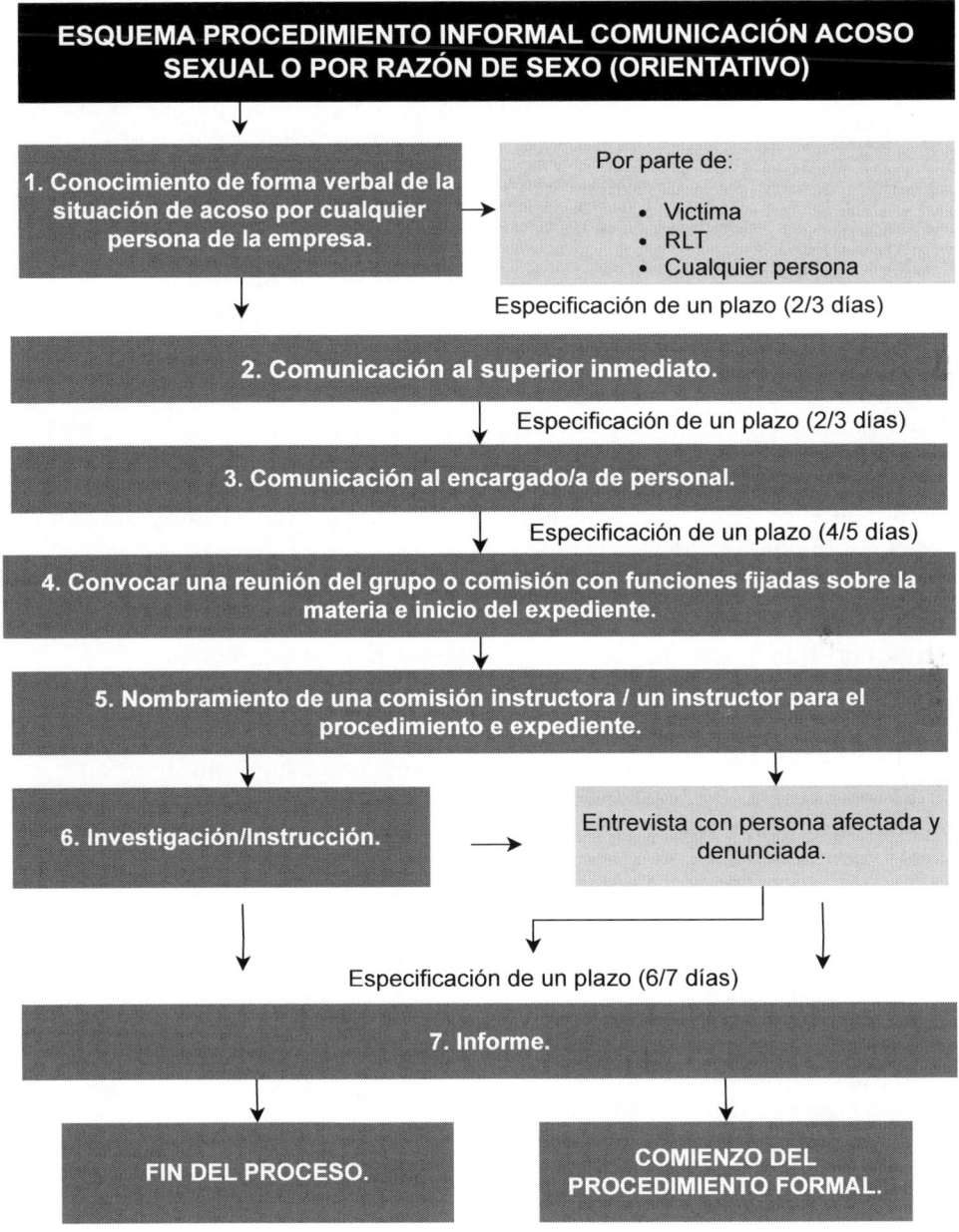

ESQUEMA PROCEDIMIENTO INFORMAL COMUNICACIÓN ACOSO SEXUAL O POR RAZÓN DE SEXO (ORIENTATIVO)

1. Conocimiento de forma verbal de la situación de acoso por cualquier persona de la empresa.

Por parte de:
- Victima
- RLT
- Cualquier persona

Especificación de un plazo (2/3 días)

2. Comunicación al superior inmediato.

Especificación de un plazo (2/3 días)

3. Comunicación al encargado/a de personal.

Especificación de un plazo (4/5 días)

4. Convocar una reunión del grupo o comisión con funciones fijadas sobre la materia e inicio del expediente.

5. Nombramiento de una comisión instructora / un instructor para el procedimiento e expediente.

6. Investigación/Instrucción.

Entrevista con persona afectada y denunciada.

Especificación de un plazo (6/7 días)

7. Informe.

FIN DEL PROCESO.

COMIENZO DEL PROCEDIMIENTO FORMAL.

‖ Procedimiento formal para la comunicación acoso sexual o por razón de sexo

En los supuestos en los que, por tratarse de un acoso directo, por las circunstancias del caso, o por haberse intentado sin éxito el procedimiento informal, éste no resulte adecuado, se iniciará un procedimiento formal. Como norma general, y en base a lo definido por cada empresa, el procedimiento formal se iniciará con la presentación de un escrito, en el que figurará el listado de incidentes, lo más detallado posible, elaborado por la persona interesada que sea objeto de acoso sexual. La persona a la que irá dirigida el escrito será, a elección del interesado, un responsable del departamento de personal, o una persona de la dirección de la empresa. Asimismo, si así lo decidiera el trabajador o trabajadora, una copia de este será trasladada a la representación unitaria y sindical en la empresa. [*Medidas específicas para prevenir el acoso sexual y el acoso por razón de sexo en el trabajo y protocolo de actuación*. Convenio colectivo de la industria metalgráfica y de fabricación de envases metálicos (BOE 19/07/2022)].

La presentación del escrito dará lugar a la inmediata apertura de un expediente informativo, encaminado a la averiguación de los hechos, dándose trámite de audiencia a todos los intervinientes, incluidas las representaciones unitarias y, en su caso, sindical si no se opusiera la persona interesada, y practicándose cuantas diligencias se estimen necesarias a fin de dilucidar la veracidad de los hechos acaecidos.

Durante la tramitación de tales actuaciones se posibilitará a los implicados, si éstos así lo desean, el cambio en el puesto de trabajo, siempre que ello sea posible, hasta que se adopte una decisión al respecto.

La intervención de todos los actuantes, incluidos los posibles testigos y en su caso los representantes unitarios o sindicales del personal, deberá observar el carácter confidencial de las actuaciones, por afectar directamente a la intimidad, dignidad y honorabilidad de las personas. Se observará el debido respeto tanto a la persona que ha presentado la denuncia como a la persona objeto de la misma.

Se observará el debido respeto tanto a la persona que ha presentado la denuncia como a la persona objeto de esta.

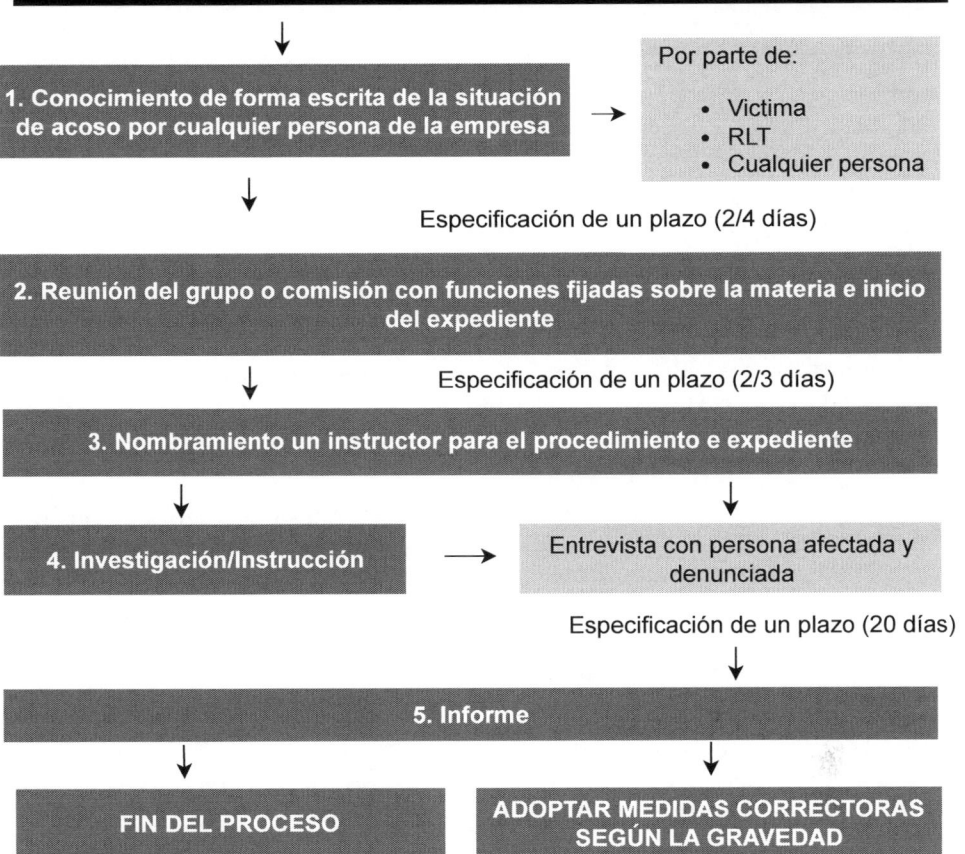

ESQUEMA PROCEDIMIENTO FORMAL DE COMUNICACIÓN PARA LA TRAMITACIÓN DE LAS RECLAMACIONES O DENUNCIAS DE ACOSO SEXUAL O POR RAZÓN DE SEXO (ORIENTATIVO)

1. Conocimiento de forma escrita de la situación de acoso por cualquier persona de la empresa

Por parte de:
- Victima
- RLT
- Cualquier persona

Especificación de un plazo (2/4 días)

2. Reunión del grupo o comisión con funciones fijadas sobre la materia e inicio del expediente

Especificación de un plazo (2/3 días)

3. Nombramiento un instructor para el procedimiento e expediente

4. Investigación/Instrucción

Entrevista con persona afectada y denunciada

Especificación de un plazo (20 días)

5. Informe

FIN DEL PROCESO

ADOPTAR MEDIDAS CORRECTORAS SEGÚN LA GRAVEDAD

CUESTIÓN

En un procedimiento de este tipo, ¿es necesario nombrar una instructora o instructor? ¿Qué personas puede ostentar este cargo?

La norma no lo regula, pero es recomendable nombrar una instructora o instructor o una comisión específica constituida por personas con la formación necesaria e idónea. Como es lógico, para garantizar la imparcialidad del procedimiento las personas encargadas no deberán tener relación alguna con la persona denunciante y denunciada.

La comisión de igualdad puede asumir el papel de comisión para la tramitación de denuncias.

Fase de investigación

Será necesario fijar en el protocolo una serie de actuaciones que podríamos denominar mínimas o formales para la investigación de las denuncias presentadas y garantizar así el cumplimiento de los principios que impulsan estos procedimientos bajo criterios de igualdad, respeto y trato digno, algunas de las cuales han quedado reflejadas en los esquemas anteriores.

La investigación permitirá adoptar las medidas necesarias para poner fin a conductas de acoso y proteger los derechos, y la salud de las víctimas.

Con la intención de evitar que el procedimiento pueda dilatarse innecesariamente resulta obligatorio introducir plazos determinados para realizar actuaciones como (en los esquemas proponemos unos a modo orientativo):

- Nombramiento de un instructor/a para el caso.
- Modo y plazos de información a los órganos competentes.
- Plazo y forma para la iniciación de la investigación tras recibir la denuncia. **(STSJ Canarias n.º 222/2018, de 6 de marzo de 2018, ECLI:ES:TSJICAN:2018:464).**
- Dar traslado del escrito de denuncia a la/s persona/s denunciadas permitiendo un plazo prudencial para realizar alegaciones, aclaraciones, informes o aportar cualquier cuestión que consideren de su interés.
- Fijar un procedimiento (escrito o vía entrevista) para tomar declaración a posibles testigos e los hechos objeto de denuncia o al superior/es del denunciante y denunciado.
- Solicitar informe a los servicios de prevención o representantes de las personas trabajadoras.
- Solicitar la intervención del **comité de seguridad y salud o delegadas y delegados de prevención.**
- Etc.

Fase de mediación

La nueva tendencia en protocolos consiste en introducir una fase de mediación voluntaria a petición de cualquiera de las partes implicadas con el fin de solventar las diferencias para prevenir o resolver el conflicto.

Las partes del procedimiento de mediación harán constar documentalmente las divergencias existentes y sus antecedentes, y señalarán la cuestión o cuestiones sobre las que versará el procedimiento.

De instaurarse esta fase dentro del protocolo será necesario fijar la forma de solicitud, un plazo determinado tanto para la mediación como para el paso a la siguiente fase en caso de no existir acuerdos y la forma en la que las partes aceptarán o rechazarán de manera expresa las propuestas formuladas, teniéndose por no realizadas si no fueran aceptadas.

El mediador o mediadores deberán ser ajenos al conflicto concreto en que actúan, sin que puedan concurrir intereses personales o profesionales directos susceptibles de alterar o condicionar su actividad mediadora.

Fase de resolución: medidas cautelares y/o correctivas aplicables

Dentro de este punto ha de prestarse especial atención al mandato del RD 901/2020 de proceder a la «identificación de las medidas reactivas frente al acoso y en su caso, el régimen disciplinario».

La constatación de la existencia de acoso en el caso denunciado dará lugar, entre otras medidas, siempre que el sujeto activo se halle dentro del ámbito de dirección y organización de la empresa a la imposición de una sanción (por lo general previstas en el convenio colectivo de aplicación). No obstante, si la conducta de acoso sexual o acoso por razón de sexo supone o implica por su evidencia, notoriedad o gravedad, un ataque directo o inmediato a la dignidad de la mujer o del hombre, la empresa adoptará las **medidas disciplinarias** que pudiera considerar oportunas.

El protocolo podría definir procedimientos como:

1. Medidas cautelares: no es extraño que diferentes protocolos, siempre que existan indicios suficientes y hasta el cierre del procedimiento, instauren un procedimiento para solicitar cautelarmente al departamento de personal, la separación de la víctima y la presunta persona acosadora, así como otras medidas cautelares (reordenación del tiempo de trabajo, cambio de oficina, etc.) que se puedan considerar oportunos y proporcionales a las circunstancias.

- Si las circunstancias concurrentes lo aconsejasen, en función de la gravedad del daño que pueda infligir a la víctima/s y en atención a la protección de sus derechos, la empresa por medio del órgano correspondiente propondrá a quien corresponda adoptar medidas cautelares (traslado, suspensión de funciones, etc.) hasta la resolución del procedimiento.

- Dentro del protocolo es importante destacar la necesidad de motivación de las medidas adoptadas.

2. Archivo de la denuncia, por alguno de los siguientes supuestos:

- Desistimiento del o la denunciante (en todo caso, y de oficio, la investigación debe continuar si se detectan indicios de acoso).

- Falta de objeto o insuficiencia evidente de indicios.

3. Incoación de un expediente disciplinario. Si del análisis del caso se dedujera que se ha cometido alguna falta –diferente del acoso sexual, de acoso por razón de sexo u orientación sexual e identidad y expresión de género– tipificada en la normativa vigente, se propondrá la incoación del expediente disciplinario que corresponda.

4. Incoación de un expediente disciplinario y medidas correctoras. Si del informe se dedujera con claridad la existencia de acoso sexual, de acoso por razón de sexo u orientación sexual e identidad y expresión de género, el órgano que elabora el informe debe proponer la incoación de un expediente disciplinario y las medidas correspondientes (intervención del Departamento de Mediación, traslado de centro de trabajo, suspensión de funciones, etc.) para corregir la situación. En aquellos casos en que se tengan indicios claros de manifestación penal del acoso sexual (art. 184 Código Penal) se dará cuenta al Ministerio Fiscal de la situación producida.

5. Procedimiento en caso de acoso por parte de una persona no perteneciente a la organización. Definir un modo de actuación para aquellos casos en que denunciante o denunciado no pertenezcan a la plantilla, o de que la persona denunciante fuere trabajadora/a de la plantilla, pero no la persona denunciada.

6. Procedimiento de actuación ante denuncias infundadas o falsas. Si de la investigación realizada se pusiera en evidencia que el presunto/a acosado/a ha actuado con acreditada falta de buena fe o con ánimo de dañar, la empresa podrá adoptar las medidas previstas para los supuestos de transgresión de la buena fe contractual en el convenio colectivo y el Estatuto de los Trabajadores.

Tras la investigación profesional y exhaustiva de los hechos denunciados se adoptarán las medidas correspondientes, incluidas en su caso las de carácter disciplinario, contra la persona/s cuyas conductas de acoso resulten acreditadas.

3.6. Registro documental asociado al protocolo de acoso

Una buena gestión del protocolo requiere la existencia de una serie de documentación. La empresa debe seguir un protocolo documentado para investigar denuncias de acoso sexual, garantizando confidencialidad y medidas preventivas.

Para limitar cualquier responsabilidad en caso de una denuncia de acoso sexual o por razón de sexo por parte de un trabajador, es fundamental que la empresa siga el procedimiento formal establecido en el protocolo al efecto o por convenio colectivo de manera documentada. La documentación que justificará la actuación e investigación de los hechos incluye:

- **Protocolo de actuación**: la empresa debe contar con un protocolo de actuación frente al acoso sexual, que incluya medidas preventivas y procedimientos para la tramitación y resolución de denuncias.

- **Confidencialidad**: las personas que intervienen en el proceso deben firmar un compromiso de confidencialidad para proteger la intimidad de las partes involucradas.

- **Queja o denuncia formal realizada**: la persona implicada debe presentar una queja, reclamación o denuncia detallando los incidentes de acoso sexual. En consonancia con todo lo analizado, este documento, como mínimo, debe identificar a la presunta persona acosada, a la presunta persona acosadora y los hechos.

- En caso de tratarse de una denuncia informal, verbal o que no suponga la activación del protocolo, también debería quedar reflejada por escrito y archivada.

- **Constitución de la comisión de instrucción**: la comisión de instrucción debe constituirse formalmente siguiendo lo establecido en el protocolo o convenio colectivo.

- **Expediente informativo**: tras la presentación de la denuncia, se debe abrir un expediente informativo para investigar los hechos. Este expediente debe incluir todas las diligencias necesarias para dilucidar la veracidad de los hechos, así como el trámite de audiencia a todos los intervinientes.

- **Medidas cautelares**: En caso de ser necesario, se deben documentar las medidas cautelares adoptadas, como la separación de la víctima y la presunta persona acosadora, reordenación del tiempo de trabajo, cambio de oficina, etc. Debe quedar constancia de una actuación por parte de la empresa para limitar o erradicar la situación.

- **Informe final**: Tras la investigación, se debe emitir un informe que determine la existencia o no de acoso sexual. Este informe debe proponer las medidas correctivas y disciplinarias correspondientes.

- **Documentación de medidas preventivas**: la empresa debe documentar las medidas preventivas adoptadas, como la elaboración y difusión de códigos de buenas prácticas, campañas informativas y acciones de formación. Para ello han de guardarse todos los registros de la información y formación proporcionada e impartida al personal.

3.7. Incumplimientos del protocolo para la prevención y tratamiento del acoso sexual y/o por razón de sexo y sus posibles repercusiones

El incumplimiento de la Ley de Igualdad en materia de acoso supone infracción muy grave y puede ser sancionado con multas cuantiosas. No obstante, existen posibles incumplimientos en materia de relaciones laborales (*Protocolo para la prevención y abordaje del acoso sexual y por razón de sexo en la empresa*. Consejo de RR.LL de Cataluña):

- **No contar con procedimientos y medidas específicas para la prevención del acoso, o canalizar las comunicaciones y denuncias que** formulen las personas trabajadoras: supone el incumplimiento de los arts. 33 y 48 LOI, tipificado como infracción administrativa grave en materia de relaciones laborales en el artículo 7.10 de la LISOS.

– **No aplicar los procedimientos y medidas específicas para la prevención del acoso** ante una denuncia: supone el incumplimiento de los arts. 33 y 48 de la LOI, tipificado como infracción administrativa grave en materia de relaciones laborales en el art. 7.10 de la LISOS.

– **Existencia de acoso conocido dentro del ámbito laboral sin adoptar medidas necesarias para evitarlo**: supone el incumplimiento del art. 4.2.e) del ET en relación con los arts. 7 y 2 de la LOI, tipificado por los arts. 8.13 y 8.13 bis de la LISOS como infracción muy grave. (STSJ de Cataluña, n.º 1992/2024, de 4 de abril de 2024, ECLI:ES:TSJCAT:2024:3255).

– **Ausencia de evaluación de riesgos psicosociales**: en caso de detectarse una situación de acoso, no haber llevado a cabo las evaluaciones de riesgos y, en su caso, sus actualizaciones y revisiones con el alcance y contenido establecidos en la normativa sobre prevención de riesgos laborales, se considerará infracción grave en prevención de riesgos laborales [art. 12.1.b) de la LISOS].

– **No adopta medidas preventivas o correctoras en caso de detectar el acoso**: se considera un incumplimiento de la obligación de efectuar la planificación de la actividad preventiva que derive como necesaria de la evaluación de riesgos, o no realizar el seguimiento de la misma, con el alcance y contenido establecidos en la normativa de prevención de riesgos laborales (art. 12.6 de la LISOS).

– **Falta de investigación de los daños para la salud de la persona trabajadora**: tanto dentro de la denominada «coordinación de actividades empresariales», como para la protección de las personas especialmente sensible, la existencia de acoso entendido como accidente laboral supone un incumplimiento de los arts. 24 y 25 de la LPRL.

Ausencia de actuación de la empresa en caso de acoso: no activación del protocolo

La persona empleadora debe contar, y poner en marcha, el protocolo en caso de denuncia por acoso. El deber de tutela reactiva en estos casos tiene su base legal, como hemos visto, en las obligaciones preventivas. No olvidemos que el art. 14 de la LPRL, bajo el epígrafe «(...) derecho a la protección frente a los riesgos laborales» establece que las personas trabajadoras «(..) tienen derecho a una protección eficaz en materia de seguridad y salud en el trabajo, que supone la existencia de un correlativo deber del empresario de protección de los trabajadores frente a los riesgos laborales». Añadiendo el punto 2 que, en cumplimiento del deber de protección, «(...) el empresario deberá garantizar la seguridad y la salud de los trabajadores a su servicio en todos los aspectos relacionados con el trabajo. A estos efectos, en el marco de sus responsabilidades, el empresario realizará la prevención de los riesgos laborales mediante la integración de la actividad preventiva en la empresa y la adopción de cuantas medidas sean necesarias para la protección de la seguridad y la salud de los trabajadores».

Resolución del contrato por incumplimiento grave de las obligaciones por parte del empresario

La STSJ de Cataluña n.° 2010/2016, de 13 mayo, ECLI:ES:TSJCAT:2016:4167, es un claro ejemplo de cómo la no adopción por parte de la empresa de las medidas de prevención ante una situación de acoso puede llevar a la **resolución del contrato de trabajo con derecho a despido improcedente**. En este caso, una trabajadora desarrolló una patología psiquiátrica debido a su actividad laboral y la empresa no tomó las medidas necesarias para protegerla. A la vista de lo razonado en el facho, el TSJ entiende que en el caso concreto se cumplen los requisitos para activar las previsiones del art.50.1.c) del ET cuando señala que es justa causa para que la persona trabajadora pueda solicitar la extinción de su contrato cualquier «(...) incumplimiento grave de sus obligaciones por parte del empresario», que en el presente caso se concreta en la falta de protección adecuada a la integridad física y psicológica de la trabajadora, artículo 4.2.d) y 4.2.e) del ET y 14 de la LPRL.

Posible despido improcedente del acosador

La no aplicación del protocolo también puede suponer la existencia de un despido improcedente del acosador. Como ej. podemos citar la STSJ de Andalucía n.° 1108/2019, de 12 de junio de 2019, ECLI:ES:TSJAND:2019:12826, donde la interpretación conjunta tanto del protocolo como del convenio aplicable donde se establecía su utilización, lleva a la sala de lo social a concluir que el protocolo «(...) se erige como un requisito formal exigible en todo trance de despido disciplinario por ese tipo de faltas, y que su incumplimiento, al menos, en aspectos tan relevantes como aquéllos que incidan en la efectiva defensa de los derechos del trabajador implicado -que encuentra su fundamento último el del derecho a la tutela judicial efectiva, del artículo 24.1 de la Constitución española [en adelante, CE]-, conduce de manera ineludible a calificar la decisión disciplinaria como improcedente, de acuerdo con lo establecido en los artículos 55.4 del ET y 108.1, párrafo segundo, de la LRJS, con los efectos previstos en los artículos 56.1 y 110.1 de dichos textos legales, respectivamente».

Condena por daños y perjuicios por no activación del protocolo de acoso

En caso de reclamación judicial por parte de la persona trabajadora donde se declare lesionado el derecho a la protección de la salud y prevención de riesgos laborales derivado de la actuación pasiva de la empresa en la aplicación del protocolo de acoso laboral establecido, se abriría la puerta a una posible indemnización por daños y perjuicios (daño moral). (**STSJ de Canarias, rec. 673/2020, de 30 de octubre de 2020, ECLI:ES:TSJICAN:2020:2120**).

La normativa laboral no tasa este tipo de indemnizaciones por lo que el juzgado de lo social tomará como referencia la LISOS y aspectos como la antigüedad, la duración e intensidad del acoso, las consecuencias personales, sociales o familiares que ha supuesto, la reincidencia en la conducta, el contexto, etc. (STSJ de la Com. Valenciana, rec. 2916/2011, de 9 de mayo de 2012, ECLI:ES:TSJCV:2012:4034, STS n.º 179/2022, de 23 de febrero, ECLI:ES:TS:2022:830 y STC n.º 61/2021, de 15 de marzo, ECLI:ES:TC:2021:61).

|| Sanción en caso de inexistencia de protocolo de acoso

Como hemos reiterado a lo largo de la obra, para cumplir con la normativa en la materia, todas las empresas, con independencia del tamaño de su plantilla deben contar con un protocolo de prevención y actuación frente al acoso sexual, acoso por razón de sexo y el acoso virtual (arts. 48 de la LOI y 12 de la Ley Orgánica 10/2022, de 6 de septiembre)

No contar con un protocolo para el acoso laboral puede acarrear importantes sanciones administrativas en caso de inspección con resultado desfavorable.

- Infracción leve. Multas de entre 7.501 euros hasta 30.000 euros.
- Infracción grave. Multas de entre 30.001 euros hasta 120.005 euros.
- Infracción muy grave. Multas de entre 120.006 euros hasta 125.018 euros.

Actuación de la empresa en caso de acoso: aplicación del protocolo cuando tenga conocimiento del acoso

En caso de acoso sexual no cabe extender la responsabilidad a la empresa cuando la misma actúe con diligencia activando el protocolo de acoso. La activación del protocolo permite la investigación de los hechos y se dirige a ofrecer una respuesta apropiada, pero no garantiza que lo sea. Si el procedimiento sigue rectamente su cauce la decisión que en el mismo recaiga nunca podrá tacharse de infractora de la normativa de prevención, al margen de su acierto.

Existiendo en la empresa las posibilidades para denunciar, incluso de forma anónima, puede suceder que la situación de acoso no se ponga en conocimiento de la dirección. Ante cualquier posterior reclamación en la que la empresa pudiera ser responsable subsidiaria resultará relevante el hecho de que la mercantil active el protocolo por acoso laboral tan pronto tiene conocimiento de la situación—esto mostraría una actitud proactiva y positiva— al tiempo que adopte cualquier medida cautelar sobre el presunto acosador o acosado.

La STSJ de Cataluña n.º 580/2022, de 1 de febrero de 2022, ECLI:ES:TSJ-CAT:2022:942, descarta la imputación de responsabilidades a la empresa al activar el protocolo desde el conocimiento cabal de la conducta infractora.

«La norma especial, ex artículo 183 de la LRJS permite condenar a la persona física o jurídica causante de la vulneración del derecho fundamental, pero no la extensión al que es empleador. Cita una sentencia del TSJ Galicia de 17-02-1995 y STS de 15-12-2008. Conforme a la doctrina jurisprudencial que señala no basta la mera existencia de un comportamiento como el acreditado en el codemandado para la automática extensión de responsabilidad, siempre y cuando, el empresario no tenga conocimiento de los hechos y, cuando los tiene, procede a tomar las medidas correspondientes para el cese de la conducta, lo que ha acontecido en el caso de autos. No existe actuación negligente o desatención, sino que se ha erradicado la conducta que fue acreditada en los expedientes abiertos tras la denuncia de la Sra. Estefanía. Por ello, debe revocarse la sentencia de instancia en el sentido de dejar sin efecto la responsabilidad en la indemnización fijada a la empresa».

4.
CANALES DE DENUNCIA INTERNA (WHISTLEBLOWING)

El origen del término *whistleblower* se remonta a la práctica de los oficiales de policía británicos que hacían sonar sus silbatos *(whistle)* soplando *(blow)*, cuando presenciaban la comisión de un presunto delito. Mediante esta acción, alertaban a los ciudadanos, así como a otros policías del peligro.

En el contexto actual puede referirse a cualquier persona que, trabajando en sectores públicos o privados, denuncia un hecho constitutivo de delito, peligro o fraude, y que está siendo silenciado.

En España, la introducción de este tipo de herramientas, propias de la cultura del *whistleblowing* anglosajón, se introduce por primera vez en apdo. 2 del art. 31 bis Código Penal, en el que se impone la obligación de «informar de posibles riesgos e incumplimientos al organismo encargado de vigilar el funcionamiento y observancia del modelo de prevención». Tras esta norma destacan:

- Norma ISO 19600:2014 sobre Sistemas de Gestión de *Compliance*-Directrices.
- Directiva 95/46/CE del Parlamento Europeo y del Consejo, de 24 de octubre de 1995, relativa a la protección de las personas físicas en lo que respecta al tratamiento de datos personales y a la libre circulación de estos datos.
- Ley 10/2010, de 28 de abril, de prevención del blanqueo de capitales y de la financiación del terrorismo (art. 18).
- Código Penal (art. 31 bis 1 b) en relación al deber de supervisión, vigilancia y control). STS, n.º 154/2016, de 29 de febrero de 2016. ECLI:ES:TS:2016:613 y STS, n.º 221/2016, de 16 de marzo de 2016. ECLI:ES:TS:2016:966.
- Reglamento (UE) n.º 596/2014 del Parlamento Europeo y del Consejo, de 16 de abril de 2014 sobre el abuso de mercado (Reglamento MAR).
- Directiva 2014/65/UE del Parlamento Europeo y del Consejo, de 15 de mayo de 2014 relativa a los mercados de instrumentos financieros (Directiva MiFID II).

- Reglamento (UE) 600/2014 del Parlamento Europeo y del Consejo de 15 de mayo de 2014 relativo a los mercados de instrumentos financieros.

- Ley Orgánica 3/2018, de 5 de diciembre, de Protección de Datos Personales y garantía de los derechos digitales.

- Real Decreto 1720/2007, de 21 de diciembre, por el que se aprueba el Reglamento de desarrollo de la Ley Orgánica 15/1999, de 13 de diciembre, de protección de datos de carácter personal.

- Ley Orgánica 3/2007, de 22 de marzo, para la igualdad efectiva de mujeres y hombres.

- Dictamen n.º 1/2006 del Grupo de trabajo del artículo 29. En el citado documento, el Grupo de Trabajo señalaba que «Aplicar las normas de protección de datos de la Unión Europea a los programas de denuncia de irregularidades supone otorgar una consideración específica a la cuestión de la protección de la persona que pueda haber sido incriminada en una alerta. En este sentido, el Grupo de Trabajo enfatiza que los programas de denuncia de irregularidades conllevan un riesgo muy grave de estigmatización y vejación de dicha persona dentro de la organización a la que pertenece. La persona estará expuesta a tales riesgos incluso antes de saber que ha sido incriminada y de que los supuestos hechos se hayan investigado para determinar o no su fundamento». Asimismo, se concluía que «El Grupo de Trabajo es de la opinión de que una correcta aplicación de las normas de protección de datos a los programas de denuncia de irregularidades contribuirá a paliar dichos riesgos. También es de la opinión de que, lejos de evitar que dichos programas funcionen de conformidad con su objetivo pretendido, la aplicación de dichas normas, por lo general, contribuirá a un funcionamiento adecuado de los programas de denuncia de irregularidades».

- Informe jurídico de la Agencia Española de Protección de Datos (AEPD) n.º 128/2007. El Gabinete Jurídico de la Agencia Española de Protección de Datos, analiza la legalidad de un sistema de denuncia interna *(whistleblowing)* conforme a la normativa española en materia de protección de datos (ex Ley Orgánica 15/1999, de 13 de diciembre), puesto que estos sistemas afectan a datos de carácter personal, tanto del denunciante como del denunciado.

- Norma UNE 19601:2017. Sistemas de gestión de *compliance* penal. Requisitos con orientación para su uso.

- Circular 1/2016, de 22 de enero, sobre la responsabilidad penal de las personas jurídicas conforme a la reforma del Código Penal efectuada por Ley Orgánica 1/2015.

Mención especial merece la **Directiva (UE) 2019/1937 del Parlamento Europeo y del Consejo, de 23 de octubre de 2019, relativa a la protección de las personas que informen sobre infracciones del Derecho de la Unión**.

Como establece el considerando (1) de la norma, las personas que trabajan para una organización pública o privada o están en contacto con ella en el contexto de sus actividades laborales son a menudo las primeras en tener conocimiento de amenazas o perjuicios para el interés público que surgen en ese contexto. Al informar sobre infracciones del Derecho de la Unión que son perjudiciales para el interés público, dichas personas actúan como denunciantes (en inglés coloquialmente *whistleblowers*) y por ello desempeñan un papel clave a la hora de descubrir y prevenir esas infracciones y de proteger el bienestar de la sociedad. Sin embargo, los denunciantes potenciales suelen renunciar a informar sobre sus preocupaciones o sospechas por temor a represalias. En este contexto, es cada vez mayor la necesidad de prestar una protección equilibrada y efectiva a los denunciantes.

Entre las **novedades** del texto europeo encontraremos:

- Se aplicará sobre determinadas infracciones como, las relativas a contratación pública, mercados financieros, seguridad sanitaria e intimidad personal.

- La obligación de existencia de un canal interno de denuncias será obligatoria para las entidades públicas, pero también alcanzará a las empresas privadas con 50 o más personas trabajadoras.

- Las líneas de denuncia han de cumplir requisitos como: garantías de confidencialidad y tramitación diligente; acuse de recibo; el establecimiento de unos plazos concretos y razonables; o la designación de personas imparciales para tramitar las denuncias.

- Agotados los cauces internos se procederá a emplear los cauces externos.

- Se otorga protección a las personas que realicen revelaciones públicas siempre que la infracción puede suponer un peligro para el interés público, inminente o manifiesto, o exista riesgo de represalias o pocas probabilidades de que se solucione la infracción si se emplean medios externos convencionales.

- Se establece un catálogo de represalias prohibidas, que incluyen amenazas, despidos, degradaciones, discriminación, daños a la reputación, etc.

En nuestro país esta directiva se desarrolla mediante la **Ley 2/2023, de 20 de febrero, reguladora de la protección de las personas que informen sobre infracciones normativas y de lucha contra la corrupción.**

¿Qué es el *whistleblowing*? ¿A quién se pretende proteger?

El *whistleblowing* puede ser definido como un medio para canalizar cualquier denuncia de comportamientos delictivos, poco éticos o irregulares por parte de una empresa, sus empleados, o terceros con los que se mantenga algún tipo de relación con fundamento en la legislación europea. Su principal función será, por tanto, **facilitar un medio de denuncia con garantías frente a cualquier incumplimiento normativo por parte de la empresa que pudiera ser constitutivo de delito o fraude como parte del sistema de gestión de** *compliance* **o cumplimiento normativo.**

Por denunciante *(whistleblower)* ha de entenderse una persona física que comunica o revela públicamente información sobre infracciones obtenida en el contexto de sus actividades laborales.

La protección, en primer lugar, debe aplicarse a la persona que tenga la condición de trabajador (definida en el art. 45.1 TFUE). Por lo tanto, la protección debe concederse también a los trabajadores que se encuentran en relaciones laborales atípicas, incluidos los trabajadores a tiempo parcial y los trabajadores con contratos de duración determinada, así como a las personas con un contrato de trabajo o una relación laboral con una empresa de trabajo temporal, relaciones laborales precarias en las que las formas habituales de protección frente a un trato injusto resultan a menudo difíciles de aplicar. El concepto de «trabajador» también incluye a los funcionarios, a los empleados del servicio público, así como a cualquier otra persona que trabaje en el sector público.

Esta regulación se aplica a (art. 3.1 de la Ley 2/2023, de 20 de febrero):

– Las personas que tengan la condición de empleados públicos o trabajadores por cuenta ajena;

– Los autónomos;

– Los accionistas, partícipes y personas pertenecientes al órgano de administración, dirección o supervisión de una empresa, incluidos los miembros no ejecutivos;

– Cualquier persona que trabaje para o bajo la supervisión y la dirección de contratistas, subcontratistas y proveedores.

Las medidas de protección del denunciante también se aplicarán sobre otros colectivos que actualmente no cuentan con protección en los ordenamientos jurídicos nacionales (art. 3.2 de la Ley 2/2023, de 20 de febrero):

– Cuando comuniquen o revelen públicamente información sobre infracciones obtenidas en el marco de una relación laboral ya finalizada.

– Cuya relación laboral todavía no haya comenzado, en los casos en que la información sobre infracciones haya sido obtenida durante el proceso de selección o de negociación precontractual.

– Los facilitadores, entendidos como las personas físicas que asiste a un denunciante en el proceso de denuncia en un contexto laboral, y cuya asistencia debe ser confidencial

– Terceros que estén relacionados con el denunciante y que puedan sufrir represalias en un contexto laboral, como compañeros de trabajo o familiares del denunciante.

– Las entidades jurídicas que sean propiedad del denunciante, para las que trabaje o con las que mantenga cualquier otro tipo de relación en un contexto laboral.

Según el considerando (32) y su el art. 5.1 de la Directiva, para gozar de protección al amparo de la misma, **los denunciantes deben tener motivos razonables para creer, a la luz de las circunstancias y de la información de que dispongan en el momento de la denuncia, que los hechos que denun-**

cian son ciertos. Ese requisito es una salvaguardia esencial frente a denuncias malintencionadas, frívolas o abusivas, para garantizar que quienes, en el momento de denunciar, comuniquen deliberada y conscientemente información incorrecta o engañosa no gocen de protección. Al mismo tiempo, el requisito garantiza que la protección no se pierda cuando el denunciante comunique información inexacta sobre infracciones por error cometido de buena fe. De manera similar, los denunciantes deben tener derecho a protección en virtud de la presente Directiva si tienen motivos razonables para creer que la información comunicada entra dentro de su ámbito de aplicación. Los motivos de los denunciantes al denunciar deben ser irrelevantes para determinar si esas personas deben recibir protección.

Las personas que **denuncien de forma anónima** o hagan revelaciones públicas de forma anónima dentro del ámbito de aplicación de la presente Directiva y cumplan sus condiciones deben gozar de protección en virtud de la presente Directiva si posteriormente son identificadas y sufren represalias (Considerando (34)).

¿A quién afecta la obligación de establecimiento de canales de denuncia interna? ¿Cuándo entran en vigor estas obligaciones?

En virtud del **artículo 8** de la norma, la necesidad de un canal interno de denuncias y seguimiento del mismo afectará tanto al sector privado como público, previa consulta a los interlocutores sociales y de acuerdo con ellos cuando así lo establezca el Derecho nacional. Con **la transposición de la Directiva *whistleblowing* por parte de la Ley 2/2023, de 20 de febrero, el establecimiento de un canal de denuncias interno, así como los mecanismos de protección de los denunciantes son obligatorios según el siguiente calendario:**

- Empresas de 250 trabajadores o más, Administraciones y organismos, **13 de junio de 2023.**

- Empresas con 249 trabajadores o menos y municipios de menos de 10 mil habitantes, **1 de diciembre de 2023.**

> **A TENER EN CUENTA.** Se excluyen del ámbito de aplicación material los supuestos que se rigen por su normativa específica, esto es, aquella que regula los mecanismos para informar sobre infracciones y proteger a los informantes previstas por leyes sectoriales o por los instrumentos de la Unión Europea enumerados en la parte II del anexo de la Directiva (UE) 2019/1937.

Cuando finalicen estos plazos de transposición, el establecimiento de canales de denuncia interna será obligatorio para todas las entidades, públicas y privadas, que cuenten con más de 50 personas trabajadoras en plantilla. Esta necesidad se aplicará, como hemos adelantado:

- A las **entidades jurídicas del sector privado que tengan 50 o más trabajadores**. Las entidades jurídicas del sector privado que tengan entre

50 y 249 trabajadores podrán compartir recursos para la recepción de denuncias y toda investigación que deba llevarse a cabo. Lo anterior se entenderá sin perjuicio de las obligaciones impuestas a dichas entidades por la Directiva (UE) 2019/1937 de mantener la confidencialidad, de dar respuesta al denunciante, y de tratar la infracción denunciada.

— A **todas las entidades jurídicas del sector público**, incluidas las entidades que sean propiedad o estén sujetas al control de dichas entidades. En este punto se fija que los Estados miembros podrán eximir de la obligación a los municipios de menos de 10 000 habitantes o con menos de 50 trabajadores, u otras entidades mencionadas en el párrafo primero del presente apartado con menos de 50 trabajadores, del mismo modo, los Estados miembros podrán prever que varios municipios puedan compartir los canales de denuncia interna o que estos sean gestionados por autoridades municipales conjuntas de conformidad con el Derecho nacional, siempre que los canales de denuncia interna compartidos estén diferenciados y sean autónomos respecto de los correspondientes canales de denuncia externa.

— Tras una adecuada evaluación del riesgo y teniendo en cuenta la naturaleza de las actividades de las entidades y el correspondiente nivel de riesgo, en particular, para el medio ambiente y la salud pública, los Estados miembros podrán exigir que las **entidades jurídicas del sector privado con menos de 50 trabajadores** establezcan canales y procedimientos de denuncia interna de conformidad con lo dispuesto en el capítulo II de la directiva.

CUESTIONES

1. ¿Es posible su externalización?

La *Directiva (UE) 2019/1937* autoriza a terceros a recibir denuncias de infracciones en nombre de entidades jurídicas de los sectores privado y público, siempre que ofrezcan garantías adecuadas de respeto de la independencia, la confidencialidad, la protección de datos y el secreto. Dichos terceros pueden ser proveedores de plataformas de denuncia externa, asesores externos, auditores, representantes sindicales o representantes de los trabajadores (Considerando (54)). Del mismo modo, el art. 32 de la Ley 2/2023, de 20 de febrero, establece que «Será lícito el tratamiento de los datos por otras personas, o incluso su comunicación a terceros, cuando resulte necesario para la adopción de medidas correctoras en la entidad o la tramitación de los procedimientos sancionadores o penales que, en su caso, procedan».2.

2. ¿Cómo se regulan los sistemas de denuncias internas en la LOPDGDD y Reglamento general de protección de datos?

Como analizaremos, el art. 24 de la Ley Orgánica 3/2018, de 5 de diciembre, de Protección de Datos Personales y garantía de los derechos digitales (LOPDGDD) especifica:

«Será lícita la creación y mantenimiento de sistemas de información a través de los cuales pueda ponerse en conocimiento de una entidad de Derecho privado, incluso anónimamente, la comisión en el seno de la misma o en la actuación de terceros que contratasen con ella, de actos o conductas que pudieran resultar contrarios a la normativa general o sectorial que le fuera aplicable. Los empleados y terceros deberán ser informados acerca de la existencia de estos sistemas de información».

> Por el contrario, el Reglamento (UE) 2016/679 del Parlamento Europeo y del Consejo, de 27 de abril de 2016, relativo a la protección de las personas físicas en lo que respecta al tratamiento de datos personales y a la libre circulación de estos datos y por el que se deroga la Directiva 95/46/CE (RGPD), no concreta ninguna previsión específica sobre los sistemas de denuncias internas.

4.1. Características y requisitos de los canales de denuncias

Adelantándose al análisis de los procedimientos de denuncia interna y su seguimiento, los canales de denuncia «válidos» deberán cumplir una serie de requisitos más allá de los encaminados a la presentación de una denuncia ligados, en muchos casos, a los códigos de conducta o protocolos existentes en la organización:

- **Accesibilidad**: debe ser un mecanismo claro, rápido de usar, y, fácilmente accesible para la plantilla. Las personas que tengan intención de denunciar infracciones deben poder tomar una decisión fundada sobre la conveniencia, y sobre cuándo y cómo hacerlo. Por consiguiente, debe facilitarse información clara y de fácil acceso sobre los canales de denuncia disponibles, sobre los procedimientos aplicables y sobre el personal responsable de tratar denuncias. Toda la información referente a las denuncias debe ser transparente, fácilmente comprensible y fiable con objeto de promover las denuncias y no de obstaculizarlas.

- **Confidencialidad y anonimato**: es imprescindible adoptar las medidas necesarias para preservar la identidad y garantizar la confidencialidad. Nuestro canal de denuncias ha de prestar especial atención a evitar el acceso al mismo por terceros no autorizados, salvaguardando así la identidad de los denunciantes.

- **Información y formación previa a la plantilla sobre sus derechos y procedimientos para efectuar las denuncias**: tan importante como contar con un canal ético es que la plantilla conozca cómo presentar una denuncia, los plazos, los órganos de investigación, las posibles resoluciones a los distintos procedimientos posibles, repercusiones asociadas a denuncias falsas, sus derechos, etc.

- **Debe formarse al personal responsable de tratar denuncias**, principalmente sobre las normas aplicables en materia de protección de datos. Esto garantizará el trato correcto de las denuncias y la comunicación con los denunciantes, así como su seguimiento.

- **Proporcionar un «acuse de recibo de la denuncia» al denunciante** (el art. 9 de la Ley 2/2023, de 20 de febrero establece un plazo de siete días a partir de la recepción).

- **Plazo de respuesta razonable**: será necesario facilitar información a los denunciantes sobre las medidas previstas o adoptadas para seguir su denuncia y sobre los motivos de tal seguimiento. El plazo no será superior a tres meses a partir del acuse de recibo o, si no se remitió un acuse de recibo al denunciante, a tres meses a partir del vencimiento del plazo de siete días después de hacerse la denuncia.

– **Previsión de la posibilidad de mantener la comunicación con el informante** y, si se considera necesario, de solicitar a la persona informante información adicional

– **Seguimiento del sistema y revisión en caso de detectar desviaciones**: el seguimiento se entiende como toda «(...) acción emprendida por el destinatario de una denuncia o cualquier autoridad competente a fin de valorar la exactitud de las alegaciones hechas en la denuncia y, en su caso, de resolver la infracción denunciada, incluso a través de medidas como investigaciones internas, investigaciones, acciones judiciales, acciones de recuperación de fondos o el archivo del procedimiento». Aunque la normativa no lo especifique, como todo proceso del que pueda derivarse responsabilidad para la empresa, será recomendable fijar un procedimiento de seguimiento, no sólo para las denuncias canalizadas, sino también de las distintas fases de aplicación de las medidas relacionadas con la denuncia presentada, pudiendo recurrirse a una **auditoría externa** para detectar y subsanar cualquier error o dilatación innecesaria en el proceso.

– **Participación de la RLT**: tanto por parte del art. 64.5 del ET, como del art. 48 de la Ley de Igualdad, se infiere la necesidad de negociar con la representación legal de las personas trabajadoras la implantación de cualquier medida relacionada con la denuncia interna de comportamientos indeseados. No debemos olvidar la obligación legal de la RLT de «contribuir a prevenir el acoso sexual y el acoso por razón de sexo en el trabajo mediante la sensibilización de los trabajadores y trabajadoras frente al mismo y la información a la dirección de la empresa de las conductas o comportamientos de que tuvieran conocimiento y que pudieran propiciarlo». El art. 5 de la Ley 2/2023, de 20 de febrero también hace referencia a la «previa consulta con la representación legal de las personas trabajadoras).

– **Procedimiento para la eliminación o supresión del sistema de los datos una vez tramitadas las denuncias siguiendo los plazos establecidos.**

– **Régimen disciplinario ante incumplimientos.** En clara relación con el código ético o protocolo antiacoso existente en la empresa han de fijarse claramente el régimen disciplinario asociado a los incumplimientos detectados.

– **Evitar represalias**: ha de asegurarse al denunciante la inexistencia de cualquier acción u omisión, directa o indirecta, que tenga lugar en un contexto laboral, motivada por la presentación de una denuncia interna o externa. En particular, en el ámbito de la salud y la seguridad en el trabajo, el artículo 11 de la Directiva 89/391/CEE del Consejo ya obliga a los Estados miembros a velar por que los trabajadores o los representantes de los trabajadores no sufran perjuicios a causa de sus peticiones o propuestas a los empresarios para que tomen medidas adecuadas para paliar cualquier riesgo para los trabajadores o eliminar las fuentes de riesgo. Los trabajadores y sus representantes tienen derecho en virtud de esa Directiva a plantear cuestiones ante la autoridad competente si consideran que las medidas adoptadas y los medios utilizados por el empresario no son suficientes para garantizar la seguridad y la salud en el trabajo (arts. 35-41 de la Ley 2/2023, de 20 de febrero).

Junto al obligado cumplimiento de la Directiva (UE) 2019/1937, LOPDGDD y Ley 2/2023, de 20 de febrero, cualquier canal de denuncias debe garantizar que el/la denunciante (en general, las personas trabajadoras de la empresa) encuentre protección frente a represalias, para lo que será efectivo, confidencial y seguro. Es recomendable proporcionar a la plantilla un código ético, completado con un protocolo donde se fijen las distintas fases posteriores a la denuncia.

RESOLUCIÓN RELEVANTE

STSJ de Cataluña n.º 4439/2023, de 10 de julio, ECLI:ES:TSJCAT:2023:7848

Se ratifica el despido disciplinario de una persona trabajadora, aun siendo víctima de una estafa orquestada por terceros —el denominado «fraude del falso CEO»— al infringir el Código Ético de la compañía. No obstante, se estima el derecho del trabajador a percibir la parte proporcional del bonus devengado en el año anterior.

CUESTIÓN

¿Cómo se informará a las personas trabajadoras de la existencia de un canal de denuncias y sus garantías?

Según la Guía *La protección de datos en las relaciones laborales* de la AEPD (mayo 2021) establece que tanto los denunciantes como los potenciales denunciados deberán haber sido informados previamente de la existencia de estos sistemas y del tratamiento de los datos que conlleva la formulación de una denuncia, por alguno de los siguientes cauces:

«Directamente en el contrato de trabajo.

Individual o colectivamente al implementar o modificar el sistema.

Mediante circulares informativas al personal y a su representación informando de la existencia y finalidad de un tratamiento de datos relacionado con estos buzones o sistemas de denuncias».

4.1.1. Canales anónimos y no anónimos: la figura del *compliance officer*

El acceso a los datos de las denuncias —como trataremos— se encuentra limitado exclusivamente a quienes, desarrollen las funciones de control o se les encomiende el tratamiento de los datos necesarios para garantizar la canalización adecuada de la información.

En el caso de que la denuncia no sea anónima se puede canalizar esta herramienta de denuncias a través del *compliance officer* (oficial de cumplimiento, en castellano), de modo que solo este profesional sea el que conozca la identidad del denunciante y el hecho o conducta denunciados. De este modo, la investigación es más sencilla, pues será posible establecer una entrevista privada con esta persona para comenzar con la fase de instrucción.

En el supuesto de que optemos por un **sistema de denuncias anónimas** la alternativa a esta manera de configurar el canal de denuncias pasa por anonimizar la identidad de los denunciantes, de modo que el *compliance officer* no sepa quien ha sido el que ha alertado el hecho, sino tan solo el contenido del hecho irregular. En este caso, no es posible determinar de modo inmediato a quién le podemos pedir más detalles o formular cuestiones concretas sobre el contenido de su aviso. En el caso de que se opte por esta alternativa y proliferen las falsas denuncias, se debe poner en marcha un protocolo de inhibición del impacto en el propio canal, como la incorporación de medidas disciplinarias correctoras o la investigación de indicios de falsedad.

La Ley 2/2023, de 20 de febrero, establece la posibilidad de informar de forma anónima establece esta posibilidad en varios artículos:

— Se establece un plazo máximo de tres meses desde la entrada en registro de la información para dar una respuesta al informante «(...) salvo que haya renunciado a ello o que la comunicación sea anónima» (art. 20.3 de la Ley 2/2023, de 20 de febrero).

— Entre los derechos y garantías del informante ante la A.A.I. se establece la posibilidad de «Decidir si desea formular la comunicación de forma anónima o no anónima; en este segundo caso se garantizará la reserva de identidad del informante, de modo que esta no sea revelada a terceras personas» (art. 21 de la Ley 2/2023, de 20 de febrero).

— Las personas que comuniquen o revelen infracciones de forma anónima pero que posteriormente hayan sido identificadas y cumplan las condiciones previstas en la ley, tendrán derecho a protección en los términos fijados por el art. 35 de la Ley 2/2023, de 20 de febrero.

— Tendrá la consideración de infracción grave o muy grave vulnerar las garantías de confidencialidad y anonimato, y de forma particular cualquier acción u omisión tendente a revelar la identidad del informante cuando este haya optado por el anonimato, aunque no se llegue a producir la efectiva revelación de la misma [art. 63.1.c) de la Ley 2/2023, de 20 de febrero].

CUESTIÓN

¿Será posible permitir las denuncias anónimas?

Sí. Por imposición de la Directiva *Whistleblowing* [art. 6.2 y 9.1.e) de la Directiva (UE) 2019/1937], los Estados han de velar por *que no se revele la identidad del denunciante sin su consentimiento expreso a ninguna persona que no sea un miembro autorizado del personal competente para recibir o seguir denuncias.* Lo anterior también se aplicará a cualquier otra información de la que se pueda deducir directa o indirectamente la identidad del denunciante.

En lo que se refiere a la normativa vigente en el ámbito nacional son diversos los ámbitos en los que ya se ha regulado la posibilidad de denuncias anónimas: artículo 26 bis de la Ley 10/2010, de 28 de abril, de prevención del blanqueo de capitales y de la financiación del terrorismo, el modificado artículo 24.1 de la LOPDGDD, la Ley Orgánica 12/2007, de 22 de octubre, del régimen disciplinario de la Guardia Civil, etc. *Actualmente el art. 17 de la Ley 2/2023, de 20 de febrero establece la posibilidad de informar de forma anónima*.

Como excepción a lo anterior, la identidad del denunciante y cualquier otra información, **solo podrá revelarse cuando constituya una obligación necesaria y proporcionada impuesta por el Derecho de la Unión o nacional en el contexto de una investigación** llevada a cabo por las autoridades nacionales o en el marco de un proceso judicial, en particular para salvaguardar el derecho de defensa de la persona afectada (art. 33.3 de la Ley 2/2023, de 20 de febrero).

La identidad del informante solo podrá ser comunicada a la Autoridad judicial, al Ministerio Fiscal o a la autoridad administrativa competente en el marco de una investigación penal, disciplinaria o sancionadora. En particular, se informará al denunciante antes de revelar su identidad, salvo que dicha información pudiera comprometer la investigación o el procedimiento judicial. Cuando la autoridad competente informe al denunciante, le remitirá una explicación escrita de los motivos de la revelación de los datos confidenciales en cuestión.

4.1.2. Denuncia verbal o escrita

Como todo proceso de este tipo (y siendo una de las bases de los protocolos antiacoso) la **denuncia escrita** podría considerarse como el canal más adecuado para poner en conocimiento hechos, datos, posibles testigos, etc., no obstante, la Directiva (UE) 2019/1937 y la Ley 2/2023, de 20 de febrero, realizan múltiples consideraciones sobre **denuncia verbales y su documentación**. Podemos estandarizar que los canales previstos para este tipo de comunicaciones han de permitir denunciar por escrito, verbalmente, o de ambos modos, siempre que se cumplan los requisitos impuestos para el **registro de las denuncias o trámites de admisión** (art. 18 de la Directiva (UE) 2019/1937 y art. 18 de la Ley 2/2023, de 20 de febrero).

Caben diferentes métodos a elección de la empresa y sus necesidades. Así, será posible canalizar las denuncias a través de un **correo electrónico concreto, a una extensión telefónica o una aplicación interna diseñada al efecto.** Siguiendo las directrices aportadas en su momento por el Informe jurídico de la Agencia Española de Protección de Datos (AEPD) n.º 128/2007, los requisitos del *whistleblowing* o canal de denuncia interna han de ser:

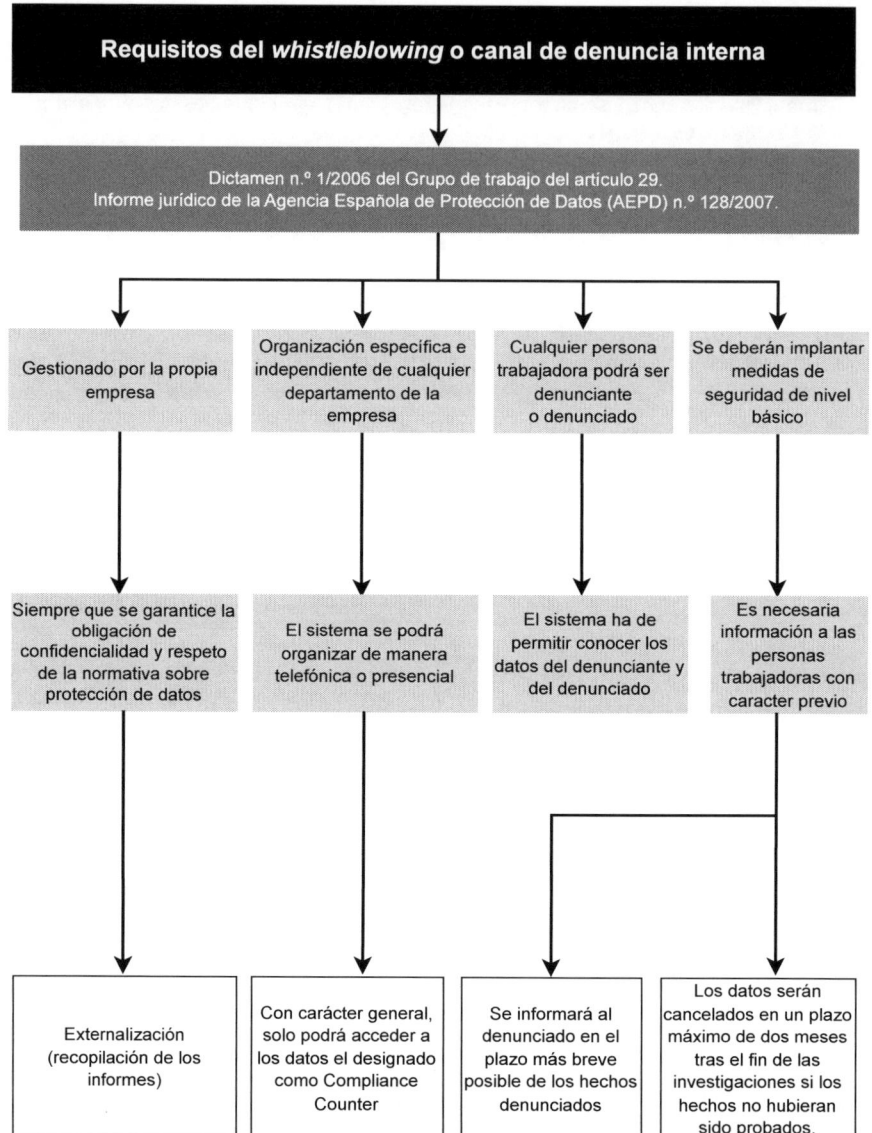

Requisitos del *whistleblowing* o canal de denuncia interna

Dictamen n.º 1/2006 del Grupo de trabajo del artículo 29.
Informe jurídico de la Agencia Española de Protección de Datos (AEPD) n.º 128/2007.

Gestionado por la propia empresa

Organización específica e independiente de cualquier departamento de la empresa

Cualquier persona trabajadora podrá ser denunciante o denunciado

Se deberán implantar medidas de seguridad de nivel básico

Siempre que se garantice la obligación de confidencialidad y respeto de la normativa sobre protección de datos

El sistema se podrá organizar de manera telefónica o presencial

El sistema ha de permitir conocer los datos del denunciante y del denunciado

Es necesaria información a las personas trabajadoras con caracter previo

Externalización (recopilación de los informes)

Con carácter general, solo podrá acceder a los datos el designado como Compliance Counter

Se informará al denunciado en el plazo más breve posible de los hechos denunciados

Los datos serán cancelados en un plazo máximo de dos meses tras el fin de las investigaciones si los hechos no hubieran sido probados.

CUESTIÓN

¿Quién será el encargado/a de gestionar las denuncias?

Ha de efectuarse una elección de las personas o departamentos de la entidad más adecuados para encomendarles la recepción y seguimiento de las denuncias en función de la estructura de la empresa, siempre garantizando la independencia y la ausencia de conflictos de intereses. En las entidades de menor tamaño, podría tratarse de una función dual a cargo de un ejecutivo de la sociedad bien situado para comunicarse directamente con la dirección de la entidad, por ejemplo, un responsable de cumplimiento normativo o de recursos humanos, un responsable de la integridad, un responsable de asuntos jurídicos o de la privacidad, un responsable financiero, un responsable de auditoría o un miembro del consejo de administración.

En las entidades de menor tamaño, la tendencia actual es la de contar con una figura responsable para la prevención de delitos *o compliance officer*, con la función específica (entre otras como proporcionar información y formación a plantilla, directivos o terceros) de gestionar el canal ético, las posibles denuncias o comunicaciones recibidas y comenzar el procedimiento de investigación.

Ni la Directiva *whistleblowing*, ni la LOPDGDD, definen la figura de compliance officer, surgiendo tras la reforma operada en el Código Penal en vigor el 1 de julio de 2015, una escueta regulación de las funciones de supervisión y vigilancia asociadas a esta figura en el a art. 31 bis del Código Penal.

El art. 8.5 de la Ley 2/2023, de 20 de febrero, se limita a concretar:

«En el caso del sector privado, el Responsable del Sistema persona física o la entidad en quien el órgano colegiado responsable haya delegado sus funciones, será un directivo de la entidad, que ejercerá su cargo con independencia del órgano de administración o de gobierno de la misma. Cuando la naturaleza o la dimensión de las actividades de la entidad no justifiquen o permitan la existencia de un directivo Responsable del Sistema, será posible el desempeño ordinario de las funciones del puesto o cargo con las de Responsable del Sistema, tratando en todo caso de evitar posibles situaciones de conflicto de interés».

4.2. Denuncia mediante canales de denuncia interna y protección de datos

Tanto para los **procedimientos de denuncia interna como externa** que posteriormente analizaremos, la Directiva 2019/1937 fija tres aspectos en común: **Deber de confidencialidad** (art. 16 de la Directiva (UE) 2019/1937), **tratamiento de datos** (art. 17 de la Directiva (UE) 2019/1937) y **registro de las denuncias** (art. 18 Directiva (UE) 2019/1937). Estos mismos principios son seguidos por la **Ley 2/2023, de 20 de febrero, reguladora de la protección de las personas que informen sobre infracciones normativas y de lucha contra la corrupción**.

> **A TENER EN CUENTA.** Cualquier canal de denuncias implantado en la empresa ha de cumplir los requisitos establecidos en la LOPDGDD y en el título VI de la Ley 2/2023, de 20 de febrero para ser lícito.

El establecimiento de sistemas internos de denuncias o de *whistleblowing*, configurados a través de la **creación de buzones internos** mediante los cuales los empleados de la compañía, generalmente por un procedimiento on line, ponen de manifiesto la existencia de conductas contrarias a la Ley o a las normas internas de conducta de la empresa, entraña el tratamiento y la protección de datos, pero para ello es necesario que se adecúen a los principios establecidos en la normativa (**STSJ Canarias n.º 552/2016, de 22 de junio de 2016, ECLI:ES:TSJICAN:2016:2117**).

Estos tratamientos necesarios de los datos se regirán por lo dispuesto en la Ley Orgánica 3/2018, de 5 de diciembre, de Protección de Datos Personales y garantía de los derechos digitales (LOPDGDD) y en la citada Ley 2/2023, de 20 de febrero y se entenderán necesarios (lícitos) para el cumplimiento de una obligación legal cuando deban llevarse a cabo en los supuestos en que sea obligatorio disponer de un sistema interno de información y en los casos de canales de comunicación externos, mientras que se presumirán válidos al amparo de lo que establece el art. 6.1.e) del RGPD cuando aquel sistema no sea obligatorio o el tratamiento se lleve a cabo en el ámbito de la revelación pública que regula el título V de la Ley 2/2023, de 20 de febrero.

> **A TENER EN CUENTA.** Hasta el 13/03/2023, el artículo 24 de la LOPDGDD regulaba la creación y mantenimiento de sistemas de información internos. El contenido de dicho precepto se ha incorporado a la Ley 2/2023, de 20 de febrero, pero era necesario completar las previsiones hasta ahora incluidas en la ley orgánica al objeto de extenderlas también a los tratamientos de datos que se lleven a cabo en los canales de comunicación externos y en los supuestos de revelación pública.

A lo anterior hemos de adicionar el Dictamen 1/2006 del GT29 sobre la aplicación de las normas de la UE relativas a la protección de datos a programas internos de denuncia de irregularidades, donde esta posibilidad se extiende a los campos de la contabilidad, controles contables internos, asuntos de auditoría, lucha contra el soborno, delitos bancarios y financieros. En este punto, el GT29 es consciente de que «los programas de denuncias de irregularidades plantean dificultades específicas en algunos países de la Unión Europea en relación con aspectos del derecho laboral, y de que el trabajo continúa en estas cuestiones y requerirá mayor atención».

Atendiendo a la normativa en LOPD y a Ley 2/2023, de 20 de febrero, en relación con las denuncias presentadas a través de los sistemas de *whistleblowing*, podemos concretar:

- Los empleados y terceros deberán ser informados acerca de la existencia de estos sistemas de información.
- El acceso a los datos contenidos en estos sistemas quedará limitado «exclusivamente» a quienes, incardinados o no en el seno de la entidad, desarrollen las funciones de control interno y de cumplimiento, o a los encargados del tratamiento que eventualmente se designen a tal efecto. No obstante, será lícito su acceso por otras personas en los siguientes casos:

  a) Cuando resulte necesario para la adopción de medidas disciplinarias o para la tramitación de los procedimientos judiciales.

  b) Cuando pudiera proceder la adopción de medidas disciplinarias contra un trabajador, dicho acceso se permitirá al personal con funciones de gestión y control de recursos humanos.

- Debería partirse del establecimiento de un procedimiento que garantice el tratamiento confidencial.

– Deberán adoptarse las medidas necesarias para preservar la identidad y garantizar la confidencialidad de los datos correspondientes a las personas afectadas por la información suministrada, especialmente la de la persona que hubiera puesto los hechos en conocimiento de la entidad, en caso de que se hubiera identificado.

– Los datos de quien formule la comunicación y de los empleados y terceros deberán conservarse en el sistema de denuncias únicamente durante el tiempo imprescindible para decidir sobre la procedencia de iniciar una investigación sobre los hechos denunciados. Transcurridos tres meses desde la introducción de los datos, deberá procederse a su supresión del sistema de denuncias, salvo que la finalidad de la conservación sea dejar evidencia del funcionamiento del modelo de prevención de la comisión de delitos por la persona jurídica.

– Las denuncias a las que no se haya dado curso solamente podrán constar de forma anonimizada, sin que sea de aplicación la obligación de bloqueo prevista en el artículo 32 de la LOPDGDD, «salvo que la finalidad de la conservación sea dejar evidencia del funcionamiento del modelo de prevención de la comisión de delitos por la persona jurídica. Las denuncias a las que no se haya dado curso solamente podrán constar de forma anonimizada». (Guía *La protección de datos en las relaciones laborales de la AEPD* (mayo 2021)).

CUESTIONES

1. ¿Qué medidas pueden adoptarse para garantizar el correcto tratamiento de los datos obtenidos por el canal de denuncias?

A modo de ejemplo pueden adoptarse medidas como: 1) limitar el acceso al contenido de las denuncias a los usuarios que lleven a cabo la investigación y relacionarlos en el documento de seguridad; 2) establecer un sistema de registro de accesos, aun cuando no corresponda aplicar las medidas de nivel alto; 3) firma de compromisos reforzados de confidencialidad con los usuarios autorizados, con especiales medidas disuasorias para el caso de vulnerarse el deber de secreto.

SENTENCIA RELEVANTE

STC n.º 146/2019, de 25 de noviembre de 2019, ECLI:ES:TC:2019:146

El Tribunal Constitucional declara nulo el despido de un enfermero de un centro de día para personas dependientes que se quejó ante el Ayuntamiento de deficiencias en su empresa (adjudicataria de la gestión de la residencia). Para el TC se trata de una «injustificada limitación» de su derecho a la libertad de expresión, en la medida en que condicionó su ejercicio a que las críticas del trabajador respecto a su empresa tuvieran como único y posible receptor la mercantil.

El TC entiende que la conducta del trabajador «(...) se desarrolló en todo momento·dentro de los márgenes que delimitan el legítimo ejercicio de su derecho fundamental a la libertad de expresión reconocido en el art. 20.1 a) CE, tanto en lo que se refiere a los límites genéricos, como a los específicos derivados del vínculo contractual», por lo que para el intérprete de la Constitución la interpretación del derecho fundamental realizada por la sentencia recurrida, al haber exigido que la crítica realizada no trascendiera más allá de la empresa, despojó al trabajador de la libertad de expresión que le reconoce el art. 20.1. a) de la CE, haciendo que tal derecho cediera ante un deber de lealtad entendido en términos absolutos de «sujeción indiferenciada del trabajador al interés empresarial» que no se ajusta al sistema constitucional de relaciones laborales.

4.2.1. Tratamiento de datos y confidencialidad

La complejidad de la gestión de la información obtenida por estos canales quedó reflejada en el Informe Jurídico 128/2007 de la Agencia Española de Protección de Datos (AEPD).

Todo tratamiento de datos personales realizado sobre la información contenida en una denuncia de este tipo se considerarán lícitos según lo dispuesto en el Reglamento (UE) 2016/679 del Parlamento Europeo y del Consejo, de 27 de abril de 2016, en la Ley Orgánica 3/2018, de 5 de diciembre, de Protección de Datos Personales y garantía de los derechos digitales (LOPDGDD), en la Ley Orgánica 7/2021, de 26 de mayo, de protección de datos personales tratados para fines de prevención, detección, investigación y enjuiciamiento de infracciones penales y de ejecución de sanciones penales, y en el título VI de la Ley 2/2023, de 20 de febrero, reguladora de la protección de las personas que informen sobre infracciones normativas y de lucha contra la corrupción.

No se recopilarán datos personales cuya pertinencia no resulte manifiesta para tratar una denuncia específica o, si se recopilan por accidente, se eliminarán sin dilación indebida.

La Ley 2/2023, de 20 de febrero, concreta:

- La normativa por la que se considerará lícito el tratamiento de datos personales diferenciando entre supuestos de canales de comunicación interna, externa, revelación pública o categorías especiales de datos personales por razones de un interés público esencial (art. 30 de la Ley 2/2023, de 20 de febrero).

- La **información que se debe aportar sobre protección de datos personales y ejercicio de derechos a los interesados** (art. 31 de la Ley 2/2023, de 20 de febrero).

- El **tratamiento de datos personales dentro del sistema interno de información** (art. 32 de la Ley 2/2023, de 20 de febrero).

- La **posibilidad de que los interesados ejerzan los derechos a que se refieren los artículos 15 a 22 del Reglamento (UE) 2016/679** del Parlamento Europeo y del Consejo, de 27 de abril de 2016 (art. 31 de la Ley 2/2023, de 20 de febrero).

- Las medidas necesarias para la **preservación de la identidad del informante y de las personas afectadas** (art. 33 de la Ley 2/2023, de 20 de febrero).

La Guía *La protección de datos en las relaciones laborales* de la AEPD (mayo 2021) desarrolla algunos aspectos de interés:

- Si los datos contenidos en los sistemas de denuncias fueran a ser transmitidos a una **tercera compañía** que investigue el hecho denunciado se producirá una comunicación de datos, de la que el afectado, tanto el denunciante como el denunciado, deberá ser debidamente informado. Esta misma información deberá referirse, en su caso, a la posible transferencia internacional de datos a otras empresas del grupo.

– En todo caso deberá garantizarse los derechos de acceso, rectificación, supresión (borrado) y oposición del denunciado, sin que ello implique revelar la identidad del denunciante. En todo caso, el denunciado debería poder conocer en el menor tiempo posible el hecho que se le imputa a fin de poder defender debidamente sus intereses.

4.2.2. Registro de las denuncias y conservación de datos

Por mandato europeo, y en cumplimiento de los requisitos de confidencialidad, los estados miembros velarán por que las entidades jurídicas de los sectores privado y público y las autoridades competentes lleven un registro de todas las denuncias recibidas. **Las denuncias se conservarán únicamente durante el período que sea necesario y proporcionado a efectos de cumplir con sus fines.**

El tratamiento de datos personales dentro del sistema interno de información (art. 32 de la Ley 2/2023, de 20 de febrero) debe seguir las siguientes premisas:

«1. El **acceso a los datos personales contenidos en el Sistema interno de información quedará limitado**, dentro del ámbito de sus competencias y funciones, exclusivamente a:

a) El Responsable del Sistema y a quien lo gestione directamente.

b) El responsable de recursos humanos o el órgano competente debidamente designado, solo cuando pudiera proceder la adopción de medidas disciplinarias contra un trabajador. En el caso de los empleados públicos, el órgano competente para la tramitación del mismo.

c) El responsable de los servicios jurídicos de la entidad u organismo, si procediera la adopción de medidas legales en relación con los hechos relatados en la comunicación.

d) Los encargados del tratamiento que eventualmente se designen.

e) El delegado de protección de datos.

2. **Será lícito el tratamiento de los datos** por otras personas, o incluso su comunicación a terceros, cuando resulte necesario para la adopción de medidas correctoras en la entidad o la tramitación de los procedimientos sancionadores o penales que, en su caso, procedan.

En ningún caso serán objeto de tratamiento los datos personales que no sean necesarios para el conocimiento e investigación de las acciones u omisiones a las que se refiere el artículo 2, procediéndose, en su caso, a su inmediata supresión. Asimismo, se suprimirán todos aquellos datos personales que se puedan haber comunicado y que se refieran a conductas que no estén incluidas en el ámbito de aplicación de la ley.

Si la información recibida contuviera datos personales incluidos dentro de las categorías especiales de datos, se procederá a su inmediata supresión, sin que se proceda al registro y tratamiento de los mismos.

3. Los datos que sean objeto de tratamiento podrán **conservarse en el sistema de informaciones únicamente durante el tiempo imprescindible** para decidir sobre la procedencia de iniciar una investigación sobre los hechos informados.

Si se acreditara que la información facilitada o parte de ella no es veraz, deberá procederse a su inmediata supresión desde el momento en que se tenga constancia de dicha circunstancia, salvo que dicha falta de veracidad pueda constituir un ilícito penal, en cuyo caso se guardará la información por el tiempo necesario durante el que se tramite el procedimiento judicial.

4. En todo caso, **transcurridos tres meses desde la recepción de la comunicación sin que se hubiesen iniciado actuaciones de investigación, deberá procederse a su supresión, salvo que la finalidad de la conservación sea dejar evidencia del funcionamiento del sistema.** Las comunicaciones a las que no se haya dado curso solamente podrán constar de forma anonimizada, sin que sea de aplicación la obligación de bloqueo prevista en el artículo 32 de la Ley Orgánica 3/2018, de 5 de diciembre.

5. **Los empleados y terceros deberán ser informados acerca del tratamiento de datos personales** en el marco de los Sistemas de información a que se refiere el presente artículo».

Este punto ha sido ratificado por en la Guía *La protección de datos en las relaciones laborales* de la AEPD (mayo 2021): «(...) la conservación del dato debe limitarse al tiempo necesario para la investigación de los hechos y, sólo en caso de que de aquélla se desprenda la adopción de determinadas medidas contra el denunciado, sería posible conservar los datos por un plazo superior, debiendo eliminarse en caso contrario».

En lo referente al **registro de denuncias**, la Directiva *whistleblowing* concreta algunos aspectos de interés sobre el canal utilizado:

a) Cuando para la denuncia se utilice una **línea telefónica u otro sistema de mensajería de voz con grabación**, a reserva del consentimiento del denunciante, las entidades jurídicas de los sectores privado y público y las autoridades competentes tendrán derecho a documentar la denuncia verbal de una de las maneras siguientes:

– Mediante una grabación de la conversación en un formato duradero y accesible.

– A través de una transcripción completa y exacta de la conversación realizada por el personal responsable de tratar la denuncia.

Las entidades jurídicas de los sectores privado y público y las autoridades competentes ofrecerán al denunciante la oportunidad de comprobar, rectificar y aceptar mediante su firma la transcripción de la llamada.

b) En los casos en que para la denuncia se utilice una **línea telefónica u otro sistema de mensajería de voz sin grabación**, las entidades jurídicas de los sectores privado y público y las autoridades competentes tendrán derecho a documentar la denuncia verbal en forma de acta pormenorizada de la conversación escrita por el personal responsable de tratar la denuncia. Las entidades jurídicas de los sectores privado y público y las autoridades competentes ofrecerán al denunciante la oportunidad de comprobar, rectificar y aceptar mediante su firma el acta de la conversación.

c) Cuando una persona solicite una **reunión con el personal de las entidades jurídicas de los sectores privado y público o de las autoridades competentes con la finalidad de denunciar** (arts. 9.2 y 12.2 Directiva (UE) 2019/1937), las entidades jurídicas de los sectores privado y público y las autoridades competentes garantizarán, a reserva del consentimiento del denunciante, que se conserven registros completos y exactos de la reunión en un formato duradero y accesible.

Las entidades jurídicas de los sectores privado y público y las autoridades competentes tendrán derecho a documentar la reunión de una de las maneras siguientes:

– Mediante una grabación de la conversación en un formato duradero y accesible, o,

– A través de un acta pormenorizada de la reunión preparada por el personal responsable de tratar la denuncia.

Las entidades jurídicas de los sectores privado y público y las autoridades competentes ofrecerán al denunciante la oportunidad de comprobar, rectificar y aceptar mediante su firma el acta de la reunión.

CUESTIONES

1. ¿Cuál es el plazo de conservación de los datos personales asociados a una denuncia interna?

Como hemos analizado, los datos se conservarán «únicamente durante el tiempo imprescindible para decidir sobre la procedencia de iniciar una investigación sobre los hechos denunciados». En todo caso, transcurridos tres meses desde la recepción de la comunicación sin que se hubiesen iniciado actuaciones de investigación, deberá procederse a su supresión, salvo que la finalidad de la conservación sea dejar evidencia del funcionamiento del sistema. Las comunicaciones a las que no se haya dado curso solamente podrán constar de forma anonimizada, sin que sea de aplicación la obligación de bloqueo prevista en el artículo 32 de la Ley Orgánica 3/2018, de 5 de diciembre.

2. ¿Qué medidas deben seguirse para la preservación de la identidad del informante y de las personas afectadas? ¿En algún caso será revelada la identidad del informante?

Quien presente una comunicación o lleve a cabo una revelación pública tiene derecho a que su identidad no sea revelada a terceras personas. Por ello los sistemas internos de información (al igual que los canales externos o quienes reciban revelaciones públicas) no obtendrán datos que permitan la identificación del informante y deberán contar con medidas técnicas y organizativas adecuadas para preservar la identidad y garantizar la confidencialidad de los datos correspondientes a las personas afectadas y a cualquier tercero que se mencione en la información suministrada, especialmente la identidad del informante en caso de que se hubiera identificado.

La identidad del informante solo podrá ser comunicada a la Autoridad judicial, al Ministerio Fiscal o a la autoridad administrativa competente en el marco de una investigación penal, disciplinaria o sancionadora.

Las revelaciones hechas en virtud de este apartado estarán sujetas a salvaguardas establecidas en la normativa aplicable. En particular, se trasladará al informante antes de revelar su identidad, salvo que dicha información pudiera comprometer la investigación o el procedimiento judicial. Cuando la autoridad competente lo comunique al informante, le remitirá un escrito explicando los motivos de la revelación de los datos confidenciales en cuestión.

4.3. Procedimiento de gestión del canal de denuncias

Una empresa debe establecer canales de fácil acceso, seguros y confidenciales para permitir una comunicación efectiva con el personal responsable de tratar denuncias. La protección frente a represalias es necesaria para salvaguardar la libertad de expresión y debe otorgarse a aquellos que comunican información a una autoridad externa. La Ley 2/2023, de 20 de febrero, establece una serie de obligaciones para los procedimientos de denuncia por canales internos y externos. Del mismo modo, todas las empresas con más de 50 personas trabajadoras están obligadas a contar con un canal de denuncias antes del 1 de diciembre de 2023.

A fin de permitir una comunicación efectiva con el personal responsable de tratar denuncias, no solo será necesario que la empresa establezca y utilice canales de fácil acceso, seguros y confidenciales, sino también que permitan el almacenamiento duradero de información para que puedan realizarse nuevas investigaciones. Esto hace recomendable la existencia de canales diferentes a los utilizados para la comunicación interna o con terceros en el curso ordinario de la actividad empresarial. Al mismo tiempo, el denunciante debe poder elegir el canal de denuncia más adecuado en función de las circunstancias particulares del caso.

La protección frente a represalias como medio de salvaguardar la libertad de expresión y la libertad debe otorgarse tanto a las personas que comunican información sobre actos u omisiones en una organización («denuncia interna») o a una autoridad externa («denuncia externa») como a las personas que ponen dicha información a disposición del público, por ejemplo, directamente a través de plataformas web o de redes sociales, o a medios de comunicación, cargos electos, organizaciones de la sociedad civil, sindicatos u organizaciones profesionales y empresariales (Considerando (45) Directiva (UE) 2019/1937).

Siempre que se garantice la confidencialidad de la identidad del denunciante, corresponde a cada entidad jurídica individual del sector privado y público definir el tipo de canales de denuncia que se hayan de establecer, pudiendo incluso externalizar el canal ético. Europa ha impuesto una serie de obligaciones a las empresas —transpuestas por la Ley 2/2023, de 20 de febrero— que configuran lo que trataremos como **«obligaciones mínimas para los procedimientos de denuncia por canales internos y externos»**.

En cualquier caso, el plazo obligatorio para que las empresas cuenten con un canal de denuncias finalizó el 3 de junio de 2023 para las entidades con más de 249 empleados y el 1 de diciembre de 2023 para las que tengan entre 50 y 249 trabajadores en plantilla. (D.T. 2.ª).

CUESTIÓN

¿Qué situaciones se podrán denunciar por esta vía?

A modo de ej. (STSJ Asturias n.º 2531/2021, de 30 de noviembre y STSJ de Cataluña, rec. 6349/2022, de 7 de marzo del 2023, ECLI:ES:TSJCAT:2023:3188):

- Posibles conductas y comportamientos considerados ilegales en el desempeño del trabajo.

- Presunta gestión lucrativa de recursos de la empresa.

- Situaciones de discriminación o abuso sexual.

- Prácticas de corrupción, robos, fraudes, etc.

4.3.1. Denuncias internas

Se denomina «denuncia interna», la comunicación verbal o por escrito de información sobre infracciones dentro de una entidad jurídica de los sectores privado o público. La denuncia interna es el mejor modo de recabar información de las personas que pueden contribuir a resolver con prontitud y efectividad el conflicto, y, con carácter general, podemos estandarizar que los denunciantes se sienten más cómodos denunciando por canales internos, salvo la existencia de motivos concretos para denunciar por canales externos.

En el caso de entidades jurídicas del sector privado, la obligación de establecer canales de denuncia interna debe guardar proporción con su tamaño y el nivel de riesgo que sus actividades suponen para el interés público. Las **empresas con 50 o más trabajadores** deben estar sujetas a la obligación de establecer canales de denuncia interna, con independencia de la naturaleza de sus actividades (Considerando (48) de la Directiva (UE) 2019/1937 y art. 10 de la Ley 2/2023, de 20 de febrero).

Siendo conscientes del coste que esta nueva carga pueda generar en las empresas, la Ley 2/2023 admite que aquellas que, superando la cifra de cincuenta trabajadores cuenten con menos de doscientos cincuenta, puedan compartir medios y recursos para la gestión de las informaciones que reciban, quedando siempre clara la existencia de canales propios en cada empresa.

Los canales deberán permitir la denuncia **por escrito o verbalmente, o de ambos modos**. La denuncia verbal será posible por vía telefónica o a través de otros sistemas de mensajería de voz y, previa solicitud del denunciante, por medio de una reunión presencial dentro de un plazo razonable (arts. 7-9 de la Directiva (UE) 2019/1937 y art. 5 de la Ley 2/2023, de 20 de febrero). Igualmente, los procedimientos de denuncia interna deben permitir a entidades jurídicas del sector privado recibir e investigar con total confidencialidad denuncias de los trabajadores de la entidad y de sus filiales, pero también, en la medida de lo posible, de cualquiera de los agentes y proveedores del grupo y de cualquier persona que acceda a la información a través de sus actividades laborales relacionadas con la entidad y el grupo.

Los **procedimientos de denuncia interna** incluirán:

– Canales para recibir denuncias que estén diseñados, establecidos y gestionados de una forma segura que garantice que la confidenciali-

dad de la identidad del denunciante y de cualquier tercero menciona-
do en la denuncia esté protegida, e impida el acceso a ella al personal
no autorizado.

– Un acuse de recibo de la denuncia al denunciante en un plazo de siete
días a partir de la recepción.

– La designación de una persona o departamento imparcial que sea
competente para seguir las denuncias, que podrá ser la misma persona o departamento que recibe las denuncias y que mantendrá la
comunicación con el denunciante y, en caso necesario, solicitará a
este información adicional y le dará respuesta.

– El seguimiento diligente por la persona o el departamento designado.

– El seguimiento diligente cuando así lo establezca el Derecho nacional
en lo que respecta a las denuncias anónimas.

– Un plazo razonable para dar respuesta, que no será superior a tres
meses a partir del acuse de recibo o, si no se remitió un acuse de
recibo al denunciante, a tres meses a partir del vencimiento del plazo
de siete días después de hacerse la denuncia.

– Información clara y fácilmente accesible, sobre el uso de todo canal
interno de información que hayan implantado, así como sobre los
principios esenciales del procedimiento de gestión. En caso de contar
con una página web, dicha información deberá constar en la página
de inicio, en una sección separada y fácilmente identificable (art. 10
de la Directiva (UE) 2019/1937 y art. 25 de la Ley 2/2023, de 20 de
febrero).

En el contexto de la denuncia interna de infracciones, informar al denunciante, en la medida de lo jurídicamente posible y de la manera más completa posible, sobre el seguimiento de la denuncia es crucial para generar
confianza en la eficacia del sistema de protección de los denunciantes y reducir la probabilidad de que se produzcan nuevas denuncias o revelaciones
públicas innecesarias.

El seguimiento y la respuesta al denunciante deben producirse en un plazo
razonable, dada la necesidad de abordar con prontitud el problema que sea
objeto de denuncia, así como la necesidad de evitar la revelación pública
innecesaria de información. El plazo no debe exceder de tres meses, pero
podría ampliarse a seis cuando sea necesario debido a circunstancias específicas del caso, en particular la naturaleza y la complejidad del objeto de la
denuncia, que puedan justificar una investigación larga.

El seguimiento puede incluir, por ejemplo, la remisión a otros canales o
procedimientos cuando la denuncia afecte exclusivamente a los derechos
individuales del denunciante, archivo del procedimiento debido a la falta de
pruebas suficientes o por otros motivos, puesta en marcha de una investigación interna y, en su caso, a sus resultados y toda medida adoptada para
abordar el problema planteado, remisión a una autoridad competente para
proseguir la investigación en la medida en que dicha información no afecte a
la investigación interna o a los derechos del interesado.

En todos los casos, el denunciante debe ser informado de los avances y el resultado de la investigación. Un plazo razonable para informar al denunciante no debe exceder de tres meses. Cuando todavía se esté considerando el seguimiento apropiado, el denunciante debe ser informado de ello, así como de cualquier otra respuesta que haya de esperar.

En el transcurso de la investigación, debe ser posible pedir al denunciante que proporcione información adicional, aunque no exista ninguna obligación de hacerlo.

PROCEDIMIENTO DE ACTUACIÓN PARA LA FORMULACIÓN DE DENUNCIAS INTERNAS (ORIENTATIVO)

Hechos denunciables → Actos contrarios a la ley en el seno de la empresa. Violaciones del código ético, de conducta, protocolos, fraudes, incumplimientos normativos, etc.

¿Quién puede denunciar? → Cualquier persona que tenga conocimiento de la comisión de un hecho denunciable.

Personas denunciables → Cualquier persona o entidad. A modo de ej.: administradores, asesores, empleados, proveedores, etc.

Canal de denuncia → Mediante el medio fijado al efecto. A modo de ej.:
- a) De manera presencial ante el «Compliance Officer» o trabajador designado.
- b) Vía telefónica.
- c) Por escrito o mediante formulario on-line habilitado.
- d) Mediante algún tipo de app o aplicación.
- e) Etc.

Formalización de la denuncia → Dependerán del canal (escrito o verbal) y de la posibilidad de realizar denuncias anónimas o no. A modo de ej.:
- a) Datos identificativos del denunciante.
- b) Datos identificativos del denunciado.
- c) Hechos denunciados.
- d) Identificación de testigos.
- f) Etc.

Admisión de la denuncia → De cumplir los requisitos formales establecidos. Se dará acuse de recibo de la admisión de la denuncia o la posibilidad de subsanación de defectos.

Apertura de expediente e investigación → Siguiendo el protocolo específico, se realizarán las investigaciones (formales o informales), análisis de la información, recopilación de pruebas o alegaciones y la formalización del expediente al efecto.

Notificaciones → Notificación de la existencia de una investigación a las personas y Organismos implicados respetando en todo caso la confidencialidad, privacidad y LOPDGDD y activando cualquier medida cautelar que se considere oportuna.

Resolución del expediente →
- Archivo.
- Medidas disciplinarias.
- Comunicación a las autoridades.

→ Tratamiento de los datos/ficheros según la LOPDGDD.

CUESTIÓN

¿Es necesario contar con un responsable del sistema interno de información? ¿Quién será en el sector privado?

Sí. El órgano de administración (u órgano de gobierno de cada entidad u organismo) será el competente para la designación, destitución o cese de la persona física responsable de la gestión del sistema.

Este responsable del sistema deberá desarrollar sus funciones de forma independiente y autónoma respecto del resto de los órganos de la entidad u organismo, no podrá recibir instrucciones de ningún tipo en su ejercicio, y deberá disponer de todos los medios personales y materiales necesarios para llevarlas a cabo.

En el caso del sector privado, el Responsable del Sistema persona física o la entidad en quien el órgano colegiado responsable haya delegado sus funciones, será un directivo de la entidad, que ejercerá su cargo con independencia del órgano de administración o de gobierno de la misma. Cuando la naturaleza o la dimensión de las actividades de la entidad no justifiquen o permitan la existencia de un directivo Responsable del Sistema, será posible el desempeño ordinario de las funciones del puesto o cargo con las de Responsable del Sistema, tratando en todo caso de evitar posibles situaciones de conflicto de interés (art. 8.5 de la Ley 2/2023, de 20 de febrero).

4.3.2. Denuncias externas

Se denomina «denuncia externa», la comunicación verbal o por escrito de información sobre infracciones ante las autoridades competentes. Este tipo de actuación por parte del denunciante supone una vía alternativa o complementaria a la denuncia interna y la lógica obligación empresarial de facilitar información sobre los procedimientos de denuncia investigados a las autoridades competentes que lo soliciten en virtud de sus competencias administrativas o sancionadoras.

Debe quedar claro que, en el caso de entidades jurídicas del sector privado que no prevean canales de denuncia interna, los denunciantes deben poder informar externamente a las autoridades competentes y dichos denunciantes deben gozar de la protección frente a represalias que contempla la Directiva *whistleblowing* [Considerando (51)].

La externalización del canal de denuncias supone autorizar a terceros a recibir denuncias de infracciones en nombre de entidades jurídicas de los sectores privado y público. Como hemos dicho, esto será posible siempre que ofrezcan garantías adecuadas de respeto de la independencia, la confidencialidad, la protección de datos y el secreto. Dichos terceros pueden ser proveedores de plataformas de denuncia externa, asesores externos, auditores, representantes sindicales o representantes de los trabajadores.

En este caso corresponderá a los Estados miembros velarán por que las autoridades competentes cuenten con canales de denuncia externa independientes y autónomos para la recepción y el tratamiento de la información sobre infracciones, debiendo cumplir con una serie de **obligaciones** [arts. 10-14 de la Directiva (UE) 2019/1937]:

    a) Con prontitud, y en cualquier caso en un plazo de siete días a partir de la recepción de la denuncia, acusar recibo de ella a menos que el denunciante solicite expresamente otra cosa o que la autoridad competente considere razonablemente que el acuse de recibo de la denuncia comprometería la protección de la identidad del denunciante.

b) Seguir las denuncias diligentemente.

c) Dar respuesta al denunciante en un plazo razonable, no superior a tres meses, o a seis meses en casos debidamente justificados.

d) Comunicar al denunciante el resultado final de toda investigación desencadenada por la denuncia, de conformidad con los procedimientos previstos en el Derecho nacional.

e) Transmitir en tiempo oportuno la información contenida en la denuncia a las instituciones, órganos u organismos competentes de la Unión, según corresponda, para que se siga investigando, cuando así esté previsto por el Derecho de la Unión o nacional.

Para que un canal de denuncia externa se considere independiente y autónomo, ha de cumplir todos los siguientes criterios:

a) Se diseñen, establezcan y gestionen de forma que se garantice la exhaustividad, integridad y confidencialidad de la información y se impida el acceso a ella al personal no autorizado de la autoridad competente;

b) Permitan el almacenamiento duradero de información, de conformidad con el art. 18 Directiva (UE) 2019/1937, para que puedan realizarse nuevas investigaciones.

Los canales de denuncia externa permitirán **denunciar por escrito y verbalmente**. La denuncia verbal será posible por vía telefónica o a través de otros sistemas de mensajería de voz y, previa solicitud del denunciante, por medio de una reunión presencial dentro de un plazo razonable.

En nuestro país, los arts. 16-24 de la Ley 2/2023, de 20 de febrero, regulan la **comunicación a través del canal externo de información de la Autoridad Independiente de Protección del Informante, A.A.I. o a través de las autoridades u órganos autonómicos.**

Toda persona física podrá informar ante la Autoridad Independiente de Protección del Informante (A.A.I.), o ante las autoridades u órganos autonómicos correspondientes, de la comisión de cualesquiera acciones u omisiones incluidas en el ámbito de aplicación de la Ley 2/2023. La denuncia externa se configura de forma paralela a una posible comunicación previa a través del correspondiente canal interno.

El informante tendrá las siguientes garantías en sus actuaciones ante la A.A.I. (art. 21 de la Ley 2/2023, de 20 de febrero):

1. Decidir si desea formular la comunicación de forma anónima o no anónima; en este segundo caso se garantizará la reserva de identidad del informante, de modo que esta no sea revelada a terceras personas.

2. Formular la comunicación verbalmente o por escrito.

3. Indicar un domicilio, correo electrónico o lugar seguro donde recibir las comunicaciones que realice la Autoridad Independiente de Protección del Informante, A.A.I. a propósito de la investigación.

4. Renunciar, en su caso, a recibir comunicaciones de la Autoridad Independiente de Protección del Informante, A.A.I.

5. Comparecer ante la Autoridad Independiente de Protección del Informante, A.A.I., por propia iniciativa o cuando sea requerido por esta, siendo asistido, en su caso y si lo considera oportuno, por abogado.

6. Solicitar a la Autoridad Independiente de Protección del Informante, A.A.I. que la comparecencia ante la misma sea realizada por videoconferencia u otros medios telemáticos seguros que garanticen la identidad del informante, y la seguridad y fidelidad de la comunicación.

7. Ejercer los derechos que le confiere la legislación de protección de datos de carácter personal.

8. Conocer el estado de la tramitación de su denuncia y los resultados de la investigación

RESOLUCIÓN RELEVANTE

STSJ Asturias n.° 63/2021, de 19 de enero de 2021, ECLI:ES:TSJAS:2021:37

Se considera nula (al atentar contra la libertad de expresión) la modificación de condiciones de trabajo consistente en un cambio de centro de trabajo tras manifestaciones de un trabajador en Facebook expresando quejas relacionadas con medidas COVID como la falta de entrega de EPIS por parte de su empresa.

4.4. Canal de denuncias y protección frente al acoso sexual y del acoso por razón de sexo

Se hace constar en la Directiva (UE) 2019/1937, que los canales de denuncia deben permitir que las personas denuncien por escrito y que lo puedan hacer por correo, a través de un buzón físico destinado a recoger denuncias o a través de una plataforma en línea, ya sea en la intranet o en internet, o que denuncien verbalmente, por línea de atención telefónica o a través de otro sistema de mensajería vocal, o ambos. Los procedimientos de denuncia interna deben permitir a entidades jurídicas del sector privado recibir e investigar con total confidencialidad denuncias de los trabajadores de la entidad y de sus filiales, pero también, en la medida de lo posible, de cualquiera de los agentes y proveedores del grupo y de cualquier persona que acceda a la información a través de sus actividades laborales relacionadas con la entidad y el grupo (STS n.° 35/2020, de 6 de febrero, ECLI:ES:TS:2020:272).

Por ello, a pesar de que la Directiva comunitaria se centra en idear un canal de denuncias dentro de un **modelo de prevención de riesgos penales** en los que pudiera incurrir la empresa, refiriéndose a términos como «coacciones, intimidaciones, acoso u ostracismo» como posibles represalia a evitar tras la denuncia, nada impide, bien de manera específica –con una dirección de correo concreta, o permitiendo mediante una aplicación indicar esta situación por ejemplo–, que las distintas herramientas o canales de denuncia habilitados dispusiesen de **procedimientos específicos para la gestión de situaciones discriminatorias o lesivas de los derechos de las personas trabajadoras**. Procedimientos donde el protocolo para la prevención y el tratamiento del acoso sexual y/o por razón de sexo jugará un aspecto decisivo tanto para evitar posibles perjuicios a la organización como para la protección integral de las víctimas.

No debemos olvidar que la finalidad de los canales de denuncia no es otra que regular un ámbito de seguridad para que las personas (incluidas las víctimas de acoso sexual o acoso por razón de sexo) informen acerca de los incumplimientos relacionados con los principios y valores recogidos en los códigos éticos de las organizaciones.

En relación con el acoso sexual y el canal de denuncias externo, la Ley orgánica 3/2007, de 22 de marzo, para la igualdad efectiva de mujeres y hombres, la Ley Orgánica 10/2022, de 6 de septiembre, de garantía integral de la libertad sexual y múltiples normas de las distintas comunidades autónomas reguladoras de la igualdad prescriben que las administraciones públicas deben arbitrar procedimientos específicos para prevenir y para dar curso a las denuncias o reclamaciones que puedan formular las personas que hayan sido objeto de acoso (a modo de ejemplo, artículo 5 de la Ley 17/2015, de 21 de julio).

5.
PROTECCIÓN FRENTE AL ACOSO EN LA JURISDICCIÓN LABORAL Y PENAL

Como hemos tratado a lo largo de la obra, la inactividad empresarial ante un presunto caso de acoso laboral no solo es un incumplimiento grave de las obligaciones del empresario, sino que también puede justificar la resolución del contrato de trabajo por parte del trabajador. El delito de acoso sexual se encuentra regulado en el artículo 184 del Código Penal, por lo que también puede ser objeto de delito penal. Del mismo modo, también es posible accionar contra la situación mediante una denuncia ante la inspección de trabajo.

Reclamación contra el acoso por vía administrativa: denuncia ante la inspección de trabajo

Antes de acudir a la vía judicial laboral, es recomendable utilizar la vía administrativa. Los hechos probados por la Inspección de Trabajo tienen presunción de certeza y resultan de una investigación in situ en el centro de trabajo, garantizando inmediatez, especialmente en casos de acoso sexual y por razón de sexo.

El origen de la denuncia es confidencial, es decir, el inspector o cualquier otro funcionario de la Inspección de Trabajo y Seguridad Social, no puede revelar la identidad del denunciante al empresario inspeccionado (arts. 10 de la Ley 23/2015, de 21 de julio y 10 del Real Decreto 138/2000, de 4 de febrero).

En el escrito de denuncia ante la Inspección de Trabajo y Seguridad Social deben constar:

- Los datos personales del denunciante, datos que deben ser suficientes para identificarlo (nombre, DNI, domicilio, etc.). Por supuesto, debe ir firmado por el denunciante.

- Los hechos que se denuncian, así como el lugar y fecha en que ocurrieron, si son susceptibles de poder ser concretados de tal forma, además de cualquier otra circunstancia que se considere importante y de la fecha de la denuncia.

- Identificación de los responsables de los supuestos hechos. Debemos tener en cuenta que esta identificación ha de ser lo más concreta y precisa posible.

- Medios de prueba: para facilitar dentro de lo posible la función de la inspección, es importante suministrar todos los medios por los que consideremos que pueden comprobarse las presuntas infracciones, identificar las personas que pueden declarar sobre los hechos especificando la ubicación y la hora en la que pueden ser hallados en el centro de trabajo, señalar el lugar donde puedan hallarse documentos u otros medios de prueba acreditativos de los hechos etc.

- Medidas cautelares: la adopción de medidas preventivas para garantizar la efectividad de la inspección corresponde al inspector actuante, pero podemos proponerlas en el escrito de denuncia (por ejemplo, el requerimiento de paralización de trabajos en materia de prevención de riesgos laborales).

A TENER EN CUENTA. La denuncia tiene que cumplir tres requisitos básicos:

1. Se tiene que presentar por escrito.

2. Se tiene que identificar la persona denunciante (en ningún caso se presentará anónimamente).

3. Se tiene que presentar de forma presencial (no se admitirán denuncias enviadas por correo electrónico).

La Ley 23/2015, de 21 de julio, Ordenadora del Sistema de Inspección de Trabajo y Seguridad Social (LITSS) no establece requisitos formales para la formulación de denuncias, tan solo especifica que no se tramitarán:

- Las denuncias anónimas.

- Las que resulten ininteligibles.

- Las manifiestamente infundadas.

- Las que denuncie asuntos que no sean competencia de la ITSS.

- Las que coincidan con asuntos cuyo conocimiento este sometido a un órgano judicial.

El denunciante no tiene la condición de interesado en la fase de investigación de los hechos que realizan los funcionarios de la ITSS, si bien tendrá derecho a ser informado del estado de tramitación de su denuncia, así como de los hechos que se hayan constatado y de las medidas adoptadas al respecto únicamente cuando el resultado de la investigación afecte a sus derechos individuales o colectivos reconocidos por la normativa correspondiente al ámbito de la función inspectora.

No obstante, de extenderse acta de infracción e iniciarse el subsiguiente procedimiento sancionador, sí podrá tener la condición de interesado según lo establecido en el art. 4 de la Ley 39/2015, de 1 de octubre. En el mismo supuesto se reconoce expresamente la condición de interesados en el procedimiento a los representantes de las organizaciones sindicales o representantes de los trabajadores, en su condición de titulares de los intereses legítimos que derivan de su representación.

Reclamación contra el acoso mediante la jurisdicción laboral

La Ley 36/2011, reguladora de la jurisdicción social, establece un procedimiento específico para la tutela de los derechos fundamentales y libertades públicas en el ámbito laboral, según los artículos 177 y siguientes. Este procedimiento permite (*Procesos especiales en el orden social*. Paso a paso. Año 2023):

- Declarar la existencia o no de vulneración de derechos fundamentales y libertades públicas, así como el derecho o libertad infringidos.

- Declarar la nulidad radical de la actuación del empleador, asociación patronal, Administración pública o cualquier otra entidad.

- Ordenar el cese inmediato de la actuación contraria a derechos fundamentales o libertades públicas, o la obligación de realizar una actividad omitida.

- Restablecer al demandante en la integridad de su derecho y la reposición de la situación al momento anterior a la lesión del derecho fundamental, incluyendo la reparación de las consecuencias derivadas de la acción u omisión del sujeto responsable, con posible indemnización según el artículo 183 1.2.

Además, la persona acosada puede solicitar la extinción de la relación laboral en ejercicio del artículo 50 del Texto Refundido de la Ley del Estatuto de los Trabajadores (TRLET), si se demuestra un «incumplimiento grave de sus obligaciones por parte del empresario».

Como características de este proceso:

- Está excluido de conciliación y reclamación administrativa previa (arts. 64.1 y 70 de la LRJS).

- La demanda habrá de interponerse dentro del plazo general de prescripción o caducidad de la acción previsto para las conductas o actos sobre los que se concrete la lesión del derecho fundamental o libertad pública (art. 179.2 de la LRJS).

- La tramitación de estos procesos tendrá carácter urgente a todos los efectos (art. 179.1 de la LRJS).

- La demanda, además de los requisitos generales establecidos en la presente Ley, deberá expresar con claridad los hechos constitutivos de la vulneración, el derecho o libertad infringidos y la cuantía de la indemnización pretendida, en su caso, con la adecuada especificación de los diversos daños y perjuicios, a los efectos de lo dispuesto en los artículos 182 y 183, y que, salvo en el caso de los daños morales unidos a la vulneración del derecho fundamental cuando resulte difícil su estimación detallada, deberá establecer las circunstancias relevantes para la determinación de la indemnización solicitada, incluyendo la gravedad, duración y consecuencias del daño, o las bases de cálculo de los perjuicios estimados para el trabajador (art. 179.3 de la LRJS).

– No hay posibilidad de acumulación con acciones de otra naturaleza (art. 178.1 de la LRJS).

– En el mismo escrito de interposición de la demanda el actor podrá solicitar la suspensión de los efectos del acto impugnado, así como las demás medidas necesarias para asegurar la efectividad de la tutela judicial que pudiera acordarse en sentencia (art. 180.1 de la LRJS).

– El juez o tribunal podrá acordar la suspensión de los efectos del acto impugnado cuando su ejecución produzca al demandante perjuicios que pudieran hacer perder a la pretensión de tutela su finalidad, siempre y cuando la suspensión no ocasione perturbación grave y desproporcionada a otros derechos y libertades o intereses superiores constitucionalmente protegidos (art. 180.2 de la LRJS).

– La sentencia dispondrá el restablecimiento del demandante en la integridad de su derecho y la reposición de la situación al momento anterior a producirse la lesión del derecho fundamental, así como la reparación de las consecuencias derivadas de la acción u omisión del sujeto responsable, incluida la indemnización que procediera en los términos señalados en el art. 183 de la LRJS (art. 182 de la LRJS).

Reclamación contra el acoso mediante la jurisdicción penal

El acoso sexual en el trabajo está tipificado como delito en el art. 184 del Código Penal. Este artículo establece:

«1. El que solicitare favores de naturaleza sexual, para sí o para un tercero, en el ámbito de una relación laboral, docente, de prestación de servicios o análoga, continuada o habitual, y con tal comportamiento provocare a la víctima una situación objetiva y gravemente intimidatoria, hostil o humillante, será castigado, como autor de acoso sexual, con la pena de prisión de seis a doce meses o multa de diez a quince meses e inhabilitación especial para el ejercicio de la profesión, oficio o actividad de doce a quince meses.

2. Si el culpable de acoso sexual hubiera cometido el hecho prevaliéndose de una situación de superioridad laboral, docente o jerárquica, o sobre persona sujeta a su guarda o custodia, o con el anuncio expreso o tácito de causar a la víctima un mal relacionado con las legítimas expectativas que aquella pueda tener en el ámbito de la indicada relación, la pena será de prisión de uno a dos años e inhabilitación especial para el ejercicio de la profesión, oficio o actividad de dieciocho a veinticuatro meses».

En paralelo, el artículo 314 del Código Penal también tipifica como delito la discriminación en el trabajo por razón de sexo, lo que incluye conductas de acoso por razón de sexo en los siguientes términos:

«Quienes produzcan una grave discriminación en el empleo, público o privado, contra alguna persona por razón de su ideología, religión o creencias, su situación familiar, su pertenencia a una etnia, raza o nación, su origen nacional, su sexo, edad, orientación o identidad sexual o de género, razones de género, de aporofobia o de exclusión social, la enfermedad que padezca o su discapacidad, por ostentar la representación legal o sindical de los trabajadores, por el parentesco con otros trabajadores de la empresa o por el uso de alguna de las lenguas oficiales dentro del Estado español, y no restablezcan la situación de igualdad ante la ley tras requerimiento o sanción administrativa, reparando los daños económicos que se hayan derivado, serán castigados con la pena de prisión de seis meses a dos años o multa de doce a veinticuatro meses».

ANEXO.
FORMULARIOS

Modelo genérico de protocolo para la prevención y el tratamiento del acoso sexual y/o por razón de sexo en la empresa

El procedimiento de actuación frente al acoso sexual y al acoso por razón de sexo formará parte de la negociación del plan de igualdad conforme al artículo 46.2 de la Ley Orgánica 3/2007, de 22 de marzo (anexo del Real Decreto 901/2020, de 13 de octubre).

Los procedimientos de actuación contemplarán en todo caso:

– Declaración de principios, definición de acoso sexual y por razón de sexo e identificación de conductas que pudieran ser constitutivas de acoso.

– Procedimiento de actuación frente al acoso para dar cauce a las quejas o denuncias que pudieran producirse, y medidas cautelares y/o correctivas aplicables.

– Identificación de las medidas reactivas frente al acoso y en su caso, el régimen disciplinario.

– **Además, los procedimientos de actuación responderán a los siguientes principios**:

– Prevención y sensibilización del acoso sexual y por razón de sexo. Información y accesibilidad de los procedimientos y medidas.

– Confidencialidad y respeto a la intimidad y dignidad de las personas afectadas.

– Respeto al principio de presunción de inocencia de la supuesta persona acosadora.

– Prohibición de represalias de la supuesta víctima o personas que apoyen la denuncia o denuncien supuestos de acoso sexual y por razón de sexo.

– Diligencia y celeridad del procedimiento.

– Garantía de los derechos laborales y de protección social de las víctimas.

Asimismo, y conforme al artículo 48 de la Ley Orgánica 3/2007, de 22 de marzo, las medidas deberán negociarse con la representación de las personas trabajadoras, tales como la elaboración y difusión de códigos de buenas prácticas, la realización de campañas informativas o acciones de formación.

A efectos de la adopción, aplicación, seguimiento y evaluación de los procedimientos específicos para la prevención y protección del acoso sexual y acoso por razón de sexo, podrán tenerse en cuenta los manuales, guías o recomendaciones que elabore la Secretaría de Estado de Igualdad y contra la violencia de género.

Tal y como se recoge en el artículo 8.2 del Real Decreto 901/2020, de 13 de octubre, el plan de igualdad contendrá las medidas que resulten necesarias en virtud de los resultados del diagnóstico, pudiendo incorporar medidas relativas a materias no enumeradas en el artículo 46.2 de la Ley Orgánica 3/2007, de 22 de marzo, como violencia de género, lenguaje y comunicación no sexista u otras, identificando todos los objetivos y las medidas evaluables por cada objetivo fijado para eliminar posibles desigualdades y cualquier discriminación, directa o indirecta, por razón de sexo en el ámbito de la empresa.

Puede consultar también: *Modelo genérico de protocolo de prevención y actuación frente al acoso sexual, sexista y por orientación sexual.*

En [PROVINCIA], [FECHA].

REUNIDOS

Los miembros de la comisión negociadora del [CONVENIO_COLECTIVO_O_PLAN DE IGUALDAD] para [NOMBRE_EMPRESA], constituida por las siguientes personas:

Por la dirección de la empresa:

– D./D.ª [NOMBRE].

– D./D.ª [NOMBRE].

– D./D.ª [NOMBRE].

Por la representación de los trabajadores:

– D./D.ª [NOMBRE].

– D./D.ª [NOMBRE].

– D./D.ª [NOMBRE].

Todos ellos, después de las deliberaciones correspondientes, establecen, por unanimidad, el presente,

PROTOCOLO PARA LA PREVENCIÓN Y ACTUACIÓN EN LOS CASOS DE ACOSO EN [NOMBRE_EMPRESA]

I. Objetivo del presente protocolo

El presente protocolo persigue prevenir y erradicar las situaciones discriminatorias por razón de género, constitutivas de acoso, en su modalidad de acoso sexual y acoso por razón de sexo, así como las situaciones de acoso moral o mobbing.

Por ello, en el caso de que en la empresa no existiera un procedimiento para prevenir y actuar contra los diferentes acosos (protocolo de acoso en la empresa), el presente protocolo les será de aplicación, asumiendo la Empresa su responsabilidad en orden a erradicar un entorno de conductas contrarias a la dignidad y valores de la persona y que pueden afectar a su salud física o psíquica.

A tal efecto, en este protocolo se consideran dos aspectos fundamentales: la prevención del acoso y la reacción empresarial frente a denuncias por acoso, por lo que se dictaminan dos tipos de actuaciones:

1. Establecimiento de medidas orientadas a prevenir y evitar situaciones de acoso o susceptibles de constituir acoso.

2. Establecimiento de un procedimiento interno de actuación para los casos en los que, aun tratando de prevenir dichas situaciones, se produce una denuncia o queja interna por acoso, por parte de alguna persona.

II. Declaración de principios y medidas de prevención

En la convicción de que la cultura y valores de [NOMBRE_EMPRESA], están orientados hacia el respeto de la dignidad de las personas que integran la empresa, y con objeto de garantizar la protección de los derechos fundamentales de la persona constitucionalmente reconocidos, se elabora el presente protocolo de actuación para la prevención tratamiento del acoso sexual y/o por razón de sexo, a través del cual se definen las pautas que deben regir para, por un lado, prevenir este tipo de conductas y, por otro lado, erradicar todo comportamiento que pueda considerarse constitutivo del mismo en el ámbito laboral, haciendo extensivo el presente protocolo a todos los trabajadores y trabajadoras de [NOMBRE_EMPRESA], de cualquiera de sus centros, quienes tienen el deber de cumplirlo.

En este sentido, y al mismo tiempo, se cumple también por las partes con las previsiones de la Ley Orgánica 3/2007 para la igualdad efectiva de mujeres y hombres, en cuyo artículo 48 se establece lo siguiente:

«1. Las empresas deberán promover condiciones de trabajo que eviten la comisión de delitos y otras conductas contra la libertad sexual y la integridad moral en el trabajo, incidiendo especialmente en el acoso sexual y el acoso por razón de sexo, incluidos los cometidos en el ámbito digital.

Con esta finalidad se podrán establecer medidas que deberán negociarse con los representantes de los trabajadores, tales como la elaboración y difusión de códigos de buenas prácticas, la realización de campañas informativas o acciones de formación.

2. Los representantes de los trabajadores deberán contribuir a prevenir la comisión de delitos y otras conductas contra la libertad sexual y la integridad moral en el trabajo, con especial atención al acoso sexual y el acoso por razón de sexo, incluidos los cometidos en el ámbito digital, mediante la sensibilización de los trabajadores y trabajadoras frente al mismo y la información a la dirección de la empresa de las conductas o comportamientos de que tuvieran conocimiento y que pudieran propiciarlo».

En esta empresa consideramos que las conductas constitutivas de acoso no perjudican únicamente a las trabajadoras y los trabajadores directamente afectados, sino que repercuten igualmente en su entorno más inmediato y en el conjunto de la empresa. Por ello, [NOMBRE_EMPRESA], se compromete a prevenir los comportamientos constitutivos de acoso y a afrontar las quejas que puedan producirse, de acuerdo con los siguientes principios:

1. Toda persona tiene derecho a recibir un trato correcto, respetuoso y digno, y a que se respete su integridad física y moral, no pudiendo estar sometida bajo ninguna circunstancia, ya sea por nacimiento, raza, sexo, religión, opinión o cualquier otra condición o circunstancia personal o social, incluida su condición laboral, a tratos degradantes, humillantes u ofensivos, con independencia de quién sea la víctima o la persona acosadora en la situación denunciada.

2. Los trabajadores y trabajadoras de [NOMBRE_EMPRESA], tienen derecho a una protección eficaz en materia de seguridad y salud en el trabajo, al que se asocia un correlativo deber de protección mediante la prevención de los riesgos derivados del mismo, incluidos los derivados de conductas de acoso.

A tal fin, se compromete especialmente a:

1. Asignar los medios humanos y materiales necesarios, y adoptar las medidas necesarias, tanto organizativas como de formación e información, para prevenir y hacer frente, en su caso, las consecuencias derivadas de este tipo de conductas, en relación al personal que trabaja en [NOMBRE_EMPRESA], a fin de sensibilizar al mismo en los valores de respeto a la dignidad sobre los que se inspira el presente protocolo e influir sobre las actitudes y comportamientos de las personas que integran la empresa, de conformidad con el espíritu y la intención del mismo.

2. Desarrollar un procedimiento de prevención y solución de conflictos en materia de acoso, garantizando el derecho a invocar el mismo, en el que se salvaguardarán los

derechos de los afectados en el necesario contexto de prudencia y confidencialidad, tramitando con la debida consideración, seriedad y prontitud las denuncias que se presenten. No serán objeto de intimidación, persecución o represalias, siendo todas las actuaciones en este sentido susceptibles de sanción disciplinaria. Lo anteriormente indicado se entiende sin perjuicio de las actuaciones que procedan en el caso de que, del desarrollo de la investigación efectuada, se desprenda la existencia de algún incumplimiento laboral grave y culpable o actuación de mala fe de cualquier trabajador o trabajadora plantilla que consideren que han sido objeto de acoso, quienes plantean una denuncia en materia de acoso o quienes presten asistencia en cualquier proceso de investigación, sea facilitando información o intervención como testigos.

Dicho procedimiento velará especialmente por:

- Proteger a las personas de las posibles represalias por haber presentado la denuncia de acoso o haber testificado, asegurando que, cuantos intervengan en el proceso, no serán objeto de intimidación, persecución o represalias, considerándose cualquier acción en este sentido objeto susceptible de las sanciones disciplinarias que se estimen oportunas.

- Proporcionar la ayuda que se considere necesaria para la víctima.

- Adoptar medidas disciplinarias contra la persona acosadora.

3. Informar a toda la plantilla, asegurando su conocimiento a las nuevas incorporaciones, sobre el contenido del presente protocolo y a sensibilizarla en los valores de respecto sobre los que se inspira.

El presente protocolo se incorporará, como anexo, al plan de igualdad firmado por [NOMBRE_EMPRESA]. Se dará una copia del mismo a todos los delegados y delegadas.

III. Definiciones

1. Acoso sexual

Constituye acoso sexual cualquier comportamiento verbal o físico, de naturaleza sexual, que tenga el propósito o produzca el efecto de atentar contra la dignidad de una persona, en particular, cuando se crea un entorno intimidatorio, degradante u ofensivo, siendo suficiente para tener tal consideración que se trate de un único episodio grave, aunque generalmente el acoso no se conciba como algo esporádico, sino como algo insistente, reiterado y de acorralamiento.

Este acoso se considerará, en todo caso, discriminatorio, máxime cuando se condicione un derecho o una expectativa de derecho a la aceptación de una situación constitutiva de acoso.

A título de ejemplo, se relacionan las siguientes conductas que no son excluyentes de otras:

a) El contacto físico deliberado y no solicitado (por ejemplo, rozamientos o palmaditas) o un acercamiento físico excesivo e innecesario.

b) El uso de gestos obscenos.

c) Las observaciones sugerentes y desagradables, las bromas o comentarios sobre la apariencia o condición sexual del trabajador o la trabajadora.

d) Las invitaciones impúdicas o comprometedoras y las peticiones de favores sexuales, incluyendo todas aquellas que asocien la contratación, la mejora de las condiciones de trabajo, la promoción y formación del trabajador o trabajadora y la estabilidad en el empleo, a la aceptación de estos favores.

2. Acoso por razón de sexo

Constituye acoso por razón de sexo cualquier comportamiento realizado en función del sexo de una persona, con el propósito o el efecto de atentar contra su dignidad y de crear un entorno intimidatorio, degradante u ofensivo.

Al igual que en el caso anterior, este acoso también se considerará, en todo caso, discriminatorio, máxime cuando condicione un derecho o una expectativa de derecho a la aceptación de una situación constitutiva de acoso.

Pueden ser consideradas conductas de acoso psicológico, entre otras, las siguientes:

- a) [ESPECIFICAR]. **(1)**
- b) [ESPECIFICAR].
- c) [ESPECIFICAR].
- d) [ESPECIFICAR].

3. Chantaje sexual

Es el acoso sexual producido por un superior jerárquico o personas cuyas decisiones puedan tener efectos sobre el empleo y las condiciones de trabajo de la persona acosada, que utilizan la negativa o el sometimiento de una persona a dicha conducta como base de decisiones que pueden repercutir sobre el mantenimiento del empleo, la formación, promoción profesional, el salario, etc.

4. Acoso sexual ambiental

Aquella conducta que crea un entorno laboral intimidatorio, hostil o humillante para la persona que es objeto de la misma. A diferencia del chantaje sexual, en el acoso sexual ambiental ya no existe una conexión directa entre requerimiento sexual y la condición de empleo y, por tanto, en este caso, no hay que identificar una consecuencia laboral evidente y negativa como puede ser el despido, traslado, etc.

Pueden ser consideradas conductas de acoso psicológico, entre otras, las siguientes:

- a) [ESPECIFICAR]. **(2)**
- b) [ESPECIFICAR].
- c) [ESPECIFICAR].
- d) [ESPECIFICAR].

5. Acoso moral

Aquella situación en la que un empleado o grupo de empleados ejercen una violencia psicológica extrema, abusiva e injusta de forma sistemática y recurrente, durante un tiempo prolongado, sobre otro empleado o empleados, en el lugar de trabajo, con la finalidad de destruir las redes de comunicación de la víctima, destruir su reputación, minar su autoestima, perturbar el ejercicio de sus labores, degradar deliberadamente las condiciones de trabajo del agredido/s, y lograr que finalmente esa persona o personas abandonen su puesto de trabajo, produciendo un daño progresivo y continuo a su dignidad.

Serán conductas constitutivas de acoso moral, entre otras:

- Conductas que impliquen dejar de forma continuada al trabajador sin ocupación efectiva o incomunicado sin causa alguna que lo justifique.
- Ocupación en tareas inútiles o que no tengan valor productivo.
- Insultar o menospreciar repetidamente al trabajador.
- Difundir rumores falsos sobre el trabajo o la vida privada.
- Conductas vejatorias o de maltrato al trabajador.

IV. Órgano instructor

En el ámbito de aplicación del presente protocolo, la comisión instructora (en adelante CI) intervendrá tanto en el procedimiento de intervención previa como formal, y se constituirá una comisión por cada denuncia interpuesta, estando compuesta la misma por dos miembros designados por la empresa y dos personas designadas por la RLT. Entre estos cuatro miembros, y por mayoría, se elegirán dos representantes, designados como instructor/a (dirección empresa) y asesor/a (sindicatos) que realizarán las siguientes funciones:

– Instructor/a: llevar a cabo la tramitación administrativa del expediente y su custodia, a cuyo efecto realizará las citaciones y levantamiento de actas que proceda, así como dar fe de su contenido, supervisar todas las actuaciones y, en su caso, elaborar el informe de conclusiones.

– Asesor/a: asesorar tanto al instructor/a como al resto de la comisión. Dicho cargo deberá recaer en una persona con conocimiento y experiencia en la materia.

Cualquiera de los miembros de la comisión instructora podrá ir acompañado de un asesor o asesora externo.

La representación sindical en la comisión instructora será rotativa en cada expediente (instrucción) entre los sindicatos firmantes del protocolo. Asimismo, la persona denunciante podrá elegir a otro sindicato distinto al que le correspondiera por turno, con lo que para el siguiente caso continuaría la rotación anterior.

En ningún caso podrán ser miembro integrante de la comisión instructora las personas relacionadas con el denunciante o el denunciado, por consanguinidad o afinidad, hasta el cuarto grado, así como aquellas que tengan una amistad íntima o enemistad manifiesta, o de superioridad o subordinación jerárquica inmediata respecto de cualquiera de ellos y, especialmente, aquellas que pertenezcan al centro de trabajo en el cual se haya producido la situación de acoso.

Para que la comisión instructora esté válidamente constituida será necesario que concurran todos sus miembros. Estando válidamente constituida, se entenderá que los acuerdos están válidamente adoptados cuando cuenten con el voto favorable de la mayoría de los miembros.

V. Medidas de prevención del acoso

Con el objeto de prevenir el acoso o situaciones potencialmente constitutivas de acoso, además del presente protocolo, se establecerán las siguientes medidas:

– Difusión a toda la plantilla del protocolo de prevención y actuación en los casos de acoso. Dicha difusión se podrá realizar utilizando, en su caso, la red interna (intranet). Siempre se tendrá un ejemplar del protocolo de actuación a disposición de las personas trabajadoras para su consulta.

– Fomentar la comunicación de la resolución de los casos de acoso.

– Promover un entorno de respeto, corrección en el ambiente de trabajo, inculcando a todo el personal los valores de igualdad de trato, respeto, dignidad y libre desarrollo de la personalidad.

– Favorecer la integración de las personas de nuevo ingreso, evitando situaciones de aislamiento mediante un seguimiento de las mismas.

– Se facilitará información y formación a la plantilla sobre los principios y valores que deben respetarse en la empresa y sobre las conductas que no se admiten.

– Prohibición de las insinuaciones o manifestaciones que sean contrarias a los principios reseñados, tanto en el lenguaje, como en las comunicaciones y en las actitudes. Entre otras medidas, se eliminará cualquier imagen, cartel, publicidad, etc. que contenga una visión sexista y estereotipada de mujeres y hombres.

– Cuando se detecten conductas no admitidas en un determinado área o equipo de trabajo, la Dirección de la Empresa se dirigirá inmediatamente a la persona responsable de dicha área/equipo, a fin de informarle sobre la situación detectada, las obligaciones que deben respetarse y las consecuencias que se derivan de su incumplimiento, y proceder a poner en marcha el protocolo acordado. La representación legal de los trabajadores se compromete igualmente a poner en conocimiento de la empresa cualquier conducta no admitida.

La Empresa mantendrá una actividad constante en la adopción de nuevas medidas o en la mejora de las existentes, que permitan alcanzar una óptima convivencia en el trabajo, salvaguardando los derechos de todas las personas trabajadoras.

VI. Procedimiento de actuación

A fin de erradicar las posibles situaciones de acoso que se produzcan en [NOMBRE_EMPRESA], llevará a cabo dos procedimientos subsidiarios. Inicialmente, y a fin de favorecer la rápida restitución de la situación denunciada, se intentará resolver la denuncia de manera previa entre las partes mediante un **procedimiento informal**. En caso de que este modo de resolución resulte insatisfactorio, se iniciará el **procedimiento formal** para poner fin a la situación de acoso indeseada. Los gastos originados por la Instrucción serán a cargo de la empresa.

En cualquiera de los trámites de ambos procedimientos, cualquiera de las personas intervinientes (denunciante, denunciado o testigos) podrá estar asistido/a por la RLT, persona de confianza, previa indicación a [NOMBRE_EMPRESA] con una antelación de [NÚMERO] ([NÚMERO]) horas. Además, los procedimientos de actuación responderán a los siguientes principios:

- Confidencialidad y respeto a la intimidad y dignidad de las personas afectadas.
- Respeto al principio de presunción de inocencia de la supuesta persona acosadora.
- Prohibición de represalias de la supuesta víctima o personas que apoyen la denuncia o denuncien supuestos de acoso sexual y por razón de sexo.
- Diligencia y celeridad del procedimiento.
- Garantía de los derechos laborales y de protección social de las víctimas.

No obstante lo anterior:

- Se prohíbe expresamente cualquier represalia contra las personas que efectúen una denuncia, atestigüen, colaboren o participen en las investigaciones que se lleven a cabo, y contra aquellas personas que se opongan a cualquier situación de acoso frente a sí mismo o frente a terceros.
- Si de la investigación realizada se pusiera en evidencia que el presunto/a acosado/a ha actuado con acreditada falta de buena fe o con ánimo de dañar, la empresa podrá adoptar las medidas previstas para los supuestos de transgresión de la buena fe contractual en el convenio colectivo y el Estatuto de los Trabajadores.
- La regulación y procedimientos establecidos en el presente protocolo no impiden que, en cada momento, se puedan promover y tramitar cualquier otra acción para exigir las responsabilidades administrativas, sociales, civiles o penales que en su caso correspondan.

A continuación, pasamos a exponer el desarrollo de cada una de dichas intervenciones.

1. Procedimiento informal

La intervención previa tendrá una duración de 5 días laborales, puede resumirse en las siguientes fases:

1.1. Denuncia: cualquier persona que considere que está siendo objeto de acoso, o cualquier persona que haya sido testigo de esta situación, podrá ponerlo en conocimiento de la Dirección de Recursos Humanos (en adelante, «RRHH») de [NOM-BRE_EMPRESA], bien directamente o a través de la representación legal de los trabajadores y trabajadoras, la cual dará traslado inmediatamente a RRHH. En caso de que se presente directamente a RRHH, estos lo comunicarán también, con carácter inmediato, a la RLT.

Dicha denuncia deberá formularse por escrito, e incluirá a ser posible:

– Nombre y apellidos de la persona denunciante.

– Nombre y apellidos de la persona denunciada.

– Detalle de los hechos.

– Fechas, duración y frecuencia de los hechos.

– Lugar de los hechos.

– Nombre y apellidos de los posibles testigos.

Se adjunta al presente protocolo modelo de denuncia a utilizar por las personas denunciantes, como Anexo 1 (3), estando la misma a disposición de cualquier persona que tenga interés en presentar denuncia.

No se tramitarán a través del procedimiento contenido en el presente protocolo las denuncias anónimas, ni las que se refieran a materias correspondientes a otro tipo de reclamaciones.

1.2. Entrevista: La comisión instructora, a contar desde el día siguiente a aquel en que se hubiere interpuesto la denuncia, la comisión instructora mantendrá una entrevista, de forma individual y separada, con la presunta víctima, la persona denunciada y las/os posibles testigos, manteniendo la confidencialidad de lo que aflore en dichas entrevistas.

1.3. Intervención: La comisión instructora intercederá entre la persona denunciante y denunciada para hacer saber a esta última que hay una serie de conductas manifestadas como indeseadas por la primera, para que, de este modo, cesen dichas conductas. Y podrá proponer algún tipo de medida.

En caso de que la persona denunciante y/o víctima del acoso no acepte las medidas propuestas, se procederá a abrir expediente de investigación, pasando por tanto a la fase formal.

1.4. Acta: La comisión instructora redactará un acta, en el plazo máximo de [NÚMERO] ([NÚMERO]) horas a contar desde que se realizará la última entrevista, en la que manifestará lo siguiente:

– Dar por desierto el procedimiento por entender, con claridad, que no se constatan las circunstancias para que se dé el acoso.

– La conclusión de la intervención previa por acuerdo entre las partes, proponiendo, a la Dirección de la Empresa, las medidas que se estimen oportunas.

– La conclusión de la intervención previa sin avenencia entre las partes e inicio de la intervención formal, adoptando las medidas cautelares que estimen oportunas por parte de la empresa.

2. Procedimiento formal

Inmediatamente que finalice la intervención previa, mediante acta en la que se manifieste la falta de acuerdo, no existiendo aceptación de las medidas por denunciante, víctima o cualquier de las partes intervinientes o porque se hubiera decidido no acudir al procedimiento previo porque existen indicios suficientes para abrir expediente de investigación, por tratarse de un claro acoso directo, por las circunstancias del caso o por ser requerido por cualquiera de las partes, la comisión instructora dará una tramitación formal a la denuncia, en la que se seguirán los siguientes pasos:

2.1. Entrevista: La comisión instructora entrevistará a la persona denunciante en el plazo máximo de los [NÚMERO] ([NÚMERO]) días laborables siguientes a aquel en que se hubiere tenido conocimiento de la denuncia y, a la persona denunciada, dentro de las [NÚMERO] ([NÚMERO]) horas siguientes al día en que hubiere tenido lugar la entrevista con el denunciante, informando a la persona denunciada de los hechos que se le imputan y solicitándole su versión de lo ocurrido., esta segunda entrevista no será obligatoria para ninguna de las personas implicadas siempre que hayan sido entrevistadas en el procedimiento previo. La comisión instructora elaborará un acta recogiendo el contenido de cada una de las entrevistas.

En ambas entrevistas, la comisión instructora:

- Recabará de la persona afectada y denunciada el consentimiento expreso y por escrito para poder acceder a cuanta información sea precisa para la instrucción del procedimiento.

- Se informará a la persona afectada y denunciada de que la información a la que tenga acceso la comisión instructora y las actas que se redacten serán tratadas con carácter reservado y serán confidenciales, excepto en el caso en que deban ser utilizadas por la empresa en un procedimiento judicial o administrativo.

- Advertirá a la persona afectada y denunciada de que todo lo que se declare es estrictamente confidencial, tanto por su parte como por la comisión instructora, indicándoles que no deberán revelar a nadie el contenido de la entrevista, bajo apercibimiento de adoptar las medidas disciplinarias oportunas en caso de divulgar, a través de cualquier medio, cuanto se hubiese comentado en dicha entrevista.

2.2. Instrucción: Tras contrastar ambas versiones, la comisión instructora, previa adopción de las medidas cautelares que estime oportunas en aquellos casos en que las circunstancias lo aconsejen, o ratificar las ya adoptadas en la fase de intervención previa, si esta se diera, llevará a cabo las siguientes actuaciones, pudiendo servirse, para ello, de la colaboración de terceras personas, bajo el estricto deber de confidencialidad:

- Determinar las personas a ser entrevistadas, debiendo entrevistar necesariamente, como mínimo, a aquellas que hubieren sido propuestas por las partes.

- Llevar a cabo las entrevistas con las personas indicadas en el apartado anterior, para lo cual la comisión instructora seguirá las mismas tres directrices indicadas en el apartado 1 anterior referente a las entrevistas a realizar a la persona afectada y denunciada. La comisión instructora elaborará un acta recogiendo el contenido de cada una de las entrevistas.

- Determinará las pruebas que se deban practicar, establecerá el procedimiento para su obtención y practicará las pruebas que se determinen custodiando debidamente las mismas.

- Recabar cuanta información entienda necesaria para la resolución del expediente, del entorno de las partes implicadas.

Las partes implicadas, esto es, tanto la persona afectada como la denunciada, tendrán derecho a conocer, en todo momento, el procedimiento que se va a seguir y el curso de las actuaciones.

La presente fase de instrucción tendrá una duración máxima de [NÚMERO] ([NÚMERO]) días laborables, ampliable por la comisión instructora en los casos en que, a fin de poder practicar pruebas de las que se entienda vaya a desprenderse información relevante, entiendan estrictamente necesario.

2.3. Informe: La comisión instructora elaborará, en el plazo máximo de [NÚMERO] ([NÚMERO]) días laborables desde la finalización de la instrucción, un informe en el que se recoja el resultado de la misma, esto es:

- El contenido relevante de cada una de las entrevistas, tanto con la persona afectada y denunciada como con cuantas terceras personas hayan intervenido en la instrucción.

- La información recabada del entorno de las partes implicadas que resulte de especial interés.

- Los resultados de interés que se desprendan de la práctica de las pruebas.

- Las conclusiones de la comisión instructora podrán tomar una de las siguientes direcciones:

  - El archivo del expediente, por entender que no existe situación de acoso, según ha quedado el mismo definido en el presente protocolo.

  - Proponer medidas para poner fin a la situación de acoso. Entre dichas medidas podrán encontrarse la adopción de medidas disciplinarias para la persona acosadora, así como ayuda psicológica o médica a las personas afectadas, sin perjuicio de cualquier otra que se considere conveniente.

Si se propusiera a la dirección de la empresa la adopción de medidas disciplinarias, esta impondrá las que puedan corresponder conforme a lo establecido en el Estatuto de los Trabajadores y en el convenio colectivo de aplicación.

En caso de que, determinada la situación de acoso, y habiéndose impuesto las sanciones oportunas, no se encontrare entre ellas la de resolver la relación laboral con la persona acosadora, la comisión instructora podrá proponer medidas que estime oportunas para evitar la convivencia de la persona acosadora con la acosada en el mismo centro de trabajo o en distintos, que impliquen una relación laboral, teniendo preferencia la persona afectada a la hora de determinar dichas medidas. En ningún caso dichas medidas podrán suponer una mejora en las condiciones de trabajo de la persona acosadora.

La dirección de RRHH adoptará alguna de las medidas propuestas.

En el mismo informe se podrán incluir alegaciones de parte cuando se considere necesario.

El informe se remitirá, en un plazo máximo de [NÚMERO] ([NÚMERO]) horas, a la dirección de [NOMBRE_EMPRESA], que la trasladará a las partes implicadas, y a la representación legal de los trabajadores del centro de trabajo o provincia de las partes, cuando ésta haya conocido del proceso, dando con él por finalizado el procedimiento, salvo en lo referente a las actuaciones que corresponda llevar a cabo a la Dirección de [NOMBRE_EMPRESA], por las conclusiones y medidas indicadas en el mismo.

VII. Medidas a adoptar tras la finalización del procedimiento en el que se ha constatado el acoso

Finalizado el procedimiento, el órgano de instrucción podrá proponer las siguientes medidas:

- Apoyo psicológico y social a la persona acosada.

- Modificación de aquellas condiciones laborales que, previo consentimiento del trabajador/a acosado/a, se estimen beneficiosas para su recuperación.

– Adopción de medidas de vigilancia en protección del trabajador/a acosado/a.

– La empresa tomará las medidas pertinentes para evitar la reincidencia de las personas sancionadas.

– Se facilitará formación o reciclaje para la actualización profesional de la víctima cuando ésta haya permanecido en IT un periodo prolongado.

– Reiteración de los estándares éticos y morales de la empresa.

– Evaluación de riesgos psicosociales en la empresa.

VIII. Coordinación empresarial

Para aquellos casos en que denunciante o denunciado no pertenezcan a la plantilla de [NOMBRE_EMPRESA], el procedimiento se aplicará con las mismas garantías y en su caso, de forma coordinada con la/s empresa/s implicada/s, siguiendo las siguientes pautas en función de cada caso:

a) Persona denunciante no es trabajadora de [NOMBRE_EMPRESA], **pero sí la persona denunciada**: de acuerdo con el procedimiento de denuncia, cualquier persona que se considere víctima de acoso o quien tenga conocimiento de un caso de acoso lo pondrá en conocimiento de [NOMBRE_EMPRESA]. Una vez presentada la denuncia, el procedimiento se aplicará de la forma establecida.

Además, a través de la dirección, se requerirá de la empresa implicada cuanta documentación e información sea necesaria para el esclarecimiento de los hechos por parte de la comisión instructora. En caso de que la empresa implicada se niegue a facilitar dicha información, deberá constar este hecho en el informe de resolución de la CI.

En caso de que quede constatado el acoso, la dirección adoptará las medidas necesarias para revertir la situación y con este fin, se dará traslado de la resolución final del expediente a la empresa a la que pertenece la víctima del acoso.

En caso de que la empresa implicada abra a su vez expediente de investigación del mismo caso, se le facilitará la información y documentación necesarias para el esclarecimiento de los hechos y se le solicitará información sobre la resolución final que adopte.

b) Persona denunciante es trabajadora de [NOMBRE_EMPRESA], **pero no la persona denunciada**: la denuncia se presentará ante la compañía por el procedimiento descrito en este protocolo. Si la persona denunciada es trabajadora de una empresa proveedora o cliente, una vez presentada la denuncia, el procedimiento se aplicará de la forma establecida, debiendo ser informada la empresa implicada:

– De la apertura del expediente.

– De las medidas cautelares adoptadas, si proceden.

– De la resolución final.

Las medidas cautelares que impliquen cambio de puesto o de condiciones de trabajo de la persona denunciada serán propuestas a la empresa a la que pertenece y serán informadas a la CI con el fin de quedar recogidas en el informe de resolución final. En caso de que la empresa implicada no responda o decida no aplicar medidas cautelares, se propondrá a la persona denunciante la posibilidad de que las medidas cautelares recaigan sobre ella, con el fin de evitar la continuación del supuesto acoso. En todo caso, serán aceptadas de manera voluntaria o no se aplicarán.

A través de la dirección, se requerirá de la empresa implicada cuanta documentación e información sea necesaria para el esclarecimiento de los hechos por parte de la comisión instructora. En caso de que la empresa implicada se niegue a facilitar dicha información, deberá constar este hecho en el informe de resolución de la CI.

En caso de que la empresa implicada abra a su vez expediente de investigación del mismo caso, se le facilitará la información y documentación necesarias para el esclarecimiento de los hechos y se le solicitará información sobre la resolución final que adopte.

IX. Confidencialidad

Según la Ley Orgánica 3/2018, de 5 de diciembre, de Protección de Datos Personales y garantía de los derechos digitales, todas las personas que intervengan en el procedimiento tienen obligación de guardar una estricta confidencialidad, garantizando el tratamiento reservado de la información en las situaciones que pudieran ser constitutivas de acoso. En la tramitación del expediente se cumplirá con la normativa de Protección de Datos que esté vigente en cada momento.

Desde el inicio, el expediente de investigación por causa de presunto acoso estará bajo secreto de sumario hasta que el instructor decida levantarlo total o parcialmente. A estos efectos, todos los que intervengan en el mismo serán advertidos expresamente de su obligación de guardar la más absoluta confidencialidad y sigilo sobre su intervención en la comisión y de cuanta información tuvieran conocimiento por su comparecencia ante la misma, fuere en la calidad que fuere.

Adicionalmente, toda persona implicada en el procedimiento deberá cumplimentar el compromiso de confidencialidad.

Desde el momento en que se formule la denuncia, la persona o personas responsables de su iniciación asignarán al expediente un número de procedimiento compuesto por un código numérico específico, compuesto por un número secuencial y el año en curso. Esta numeración que se iniciará cada año natural deberá figurar en todos los escritos. También se asignarán unos códigos numéricos identificativos tanto de la persona supuestamente acosadora, como de la persona acosada, preservando así la identidad de ambas partes intervinientes.

Por la comisión se remitirá a la presunta víctima escrito que deberá contener como información sobre los códigos numéricos asignados tanto al expediente como a las persona acosada o acosadora.

X. Seguimiento y evaluación del protocolo para los casos de acoso sexual o por razón de sexo (4)

Se creará una comisión paritaria de atención al acoso en el seno de la empresa, que deberá efectuar el seguimiento del presente protocolo. Al efecto realizará las siguientes funciones:

1. Se reunirá anualmente para revisar las denuncias de acoso, y elaborará un informe conjunto de sus actuaciones, que será entregado a la dirección de la empresa, y del que se dará publicidad a la totalidad de la plantilla. El citado informe debe respetar el derecho a la intimidad y confidencialidad de las personas implicadas.

2. Elaborará un informe anual para asegurar la eficacia y confidencialidad del protocolo y adaptarlo si se considera necesario.

[FIRMAS]

---

(1) A modo de ejemplo: a) El trato desfavorable a las mujeres con motivo de su embarazo y maternidad; el trato desfavorable a las mujeres por el mero hecho de serlo; los comentarios directos, o a terceros que establecen estereotipos sexistas (por ejemplo, decirle a una mujer que no se comporta de manera muy femenina, o a un hombre, que no actúa de forma masculina).

(2) A modo de ejemplo: a) Las actuaciones que tienden a marginar a la víctima, o prohibir a los compañeros hablar con la víctima; b) actuaciones dirigidas a desacreditar o impedir a la víctima mantener su reputación personal o laboral, como son ridiculizar o burlarse de la víctima u obligarle a realizar un trabajo humillante, o atacar sus creencias políticas o religiosas.

(3) Los protocolos de acoso incluyen modelos para formular denuncia interna.

(4) En caso de que no exista comisión de igualdad o comisión de seguimiento del plan de igualdad.

Modelo de compromiso de la dirección de la empresa freten al acoso sexual y/o por razón de sexo

En el desarrollo e implantación de las diferentes actuaciones y medidas para la prevención y el tratamiento del acoso sexual y/o por razón de sexo en la empresa/puesto de trabajo, las organizaciones podrán emitir una declaración institucional indicando el compromiso de la entidad y la participación de la representación legal del personal frente al acoso.

En [LUGAR], a [FECHA].

[DATOS_EMPRESA].

[NOMBRE_EMPRESA] hace público su compromiso con el objetivo de fomentar y mantener un entorno de trabajo seguro y respetuoso con la dignidad, la libertad individual y los derechos fundamentales de todas las personas que integran nuestra organización.

De acuerdo con ese compromiso, [NOMBRE_EMPRESA] declara que las actitudes de acoso sexual y acoso por razón de sexo representan un atentado grave contra la dignidad de las personas y de sus derechos fundamentales.

Por lo tanto, [NOMBRE_EMPRESA] **se compromete a:**

- No permitir ni tolerar bajo ningún concepto comportamientos, actitudes o situaciones de acoso sexual y acoso por razón de sexo.

- No ignorar las quejas, reclamaciones y denuncias de los casos de acoso sexual y acoso por razón de sexo que se puedan producir en la organización.

- -Recibir y tramitar de forma rigurosa y rápida, así como con las debidas garantías de seguridad jurídica, confidencialidad, imparcialidad y derecho de defensa de las personas implicadas, todas las quejas, reclamaciones y denuncias que pudieran producirse.

- Garantizar que no se producirá ningún tipo de represalia ni contra las personas que formulen quejas, reclamaciones o denuncias, ni contra aquellas que participen en su proceso de resolución.

- Sancionar a las personas que acosen en función de las circunstancias y condicionamientos de su comportamiento o actitud.

Para la consecución efectiva de este compromiso [NOMBRE_EMPRESA] **exige de todas y cada una de las personas que integran su organización, y en especial de aquellas que ocupan puestos directivos y de mandos intermedios, que asuman las siguientes responsabilidades:**

- Tratar a todas las personas con las que se mantengan relaciones por motivos de trabajo (proveedores/as, clientela, personal colaborador externo, etc.) con respeto a su dignidad y a sus derechos fundamentales.

- Evitar comportamientos, actitudes o acciones que son o puedan ser ofensivas, humillantes, degradantes, molestas, intimidatorias u hostiles.

- Actuar adecuadamente frente a esos comportamientos, actitudes o acciones: no ignorándolos, no tolerándolos, manifestando su desacuerdo, impidiendo que se repitan o se agraven, comunicándolos a las personas designadas al efecto, así como prestando apoyo a las personas que los sufren

Por su parte, [NOMBRE_EMPRESA] se compromete a establecer las siguientes medidas para la prevención y actuación frente al acoso sexual y/o acoso por razón de sexo: **(1)**

- Diseño de un protocolo de prevención y actuación frente al acoso sexual y el acoso por razón de sexo.

- Difusión y distribución entre todas las personas trabajadoras del protocolo de prevención y actuación frente al acoso sexual y el acoso por razón de sexo.

- Realización de acciones formativas en materia de prevención del acoso sexual y del acoso por razón de sexo entre el personal directivo, mandos intermedios y personas designadas para la recepción, tramitación y resolución de las quejas, reclamaciones y denuncias.

- Realización de campañas formativas, informativas y de sensibilización en materia de prevención del acoso sexual y del acoso por razón de sexo a toda la plantilla de la entidad, así como al personal de nuevo ingreso.

- Diseño y distribución de folletos informativos en materia de prevención del acoso sexual y del acoso por razón de sexo, dando a conocer las vías de resolución de estas situaciones, tanto en el ámbito de la entidad, como fuera de la misma.

- Designación de una persona o equipo de personas, con formación específica en igualdad entre mujeres y hombres, prevención del acoso sexual y del acoso por razón de sexo y habilidades sociales para la recepción, tramitación y resolución de las quejas, reclamaciones y denuncias en esta materia.

- Establecimiento de un servicio de asesoramiento, apoyo y asistencia a las personas que puedan sufrir estos comportamientos, compuestos por personas con la formación y aptitudes necesarias para el desempeño de esa labor.

- Inclusión de las medidas para la prevención del acoso sexual y del acoso por razón de sexo en el plan de igualdad de la entidad.

- Realización de estudios de evaluación de riesgos psicosociales.

- Evaluación y seguimiento, con carácter periódico, del desarrollo, funcionamiento y efectividad del protocolo de prevención y actuación frente al acoso sexual y el acoso por razón de sexo.

En el desarrollo e implantación de las diferentes actuaciones y medidas recogidas en esta declaración institucional/declaración de principios/compromiso de la entidad se contará con la participación y colaboración de la representación legal del personal de la organización.

[FIRMA_Y_SELLO_EMPRESA]

La empresa.

----

(1) En función de los medios disponibles y de su capacidad efectiva para implantar las medidas propuestas, cada empresa/entidad debería seleccionar aquellas que, en su situación concreta, son pertinentes y resultan factibles.

Formulario para la designación de miembros del órgano de instrucción para la investigación de denuncia por acoso sexual o acoso por razón de sexo

Modelo por el que se procede a la designación de miembros del órgano de instrucción para la investigación de denuncia por acoso sexual o acoso por razón de sexo siguiendo el protocolo establecido en la empresa.

En [LOCALIDAD], a [DÍA] de [MES] de [AÑO].

Sr./Sra. D./D.ª [NOMBRE_PERSONA_TRABAJADORA].

DNI [NÚMERO].

Mediante la presente, la persona trabajador firmante acepta de forma voluntaria su nombramiento como miembro de la comisión de instrucción del acoso sexual o acoso por razón de sexo para la investigación de la denuncia presentada el pasado [FECHA], mediante [ESPECIFICAR CANAL DE DENUNCIA].

Siguiendo el procedimiento de actuación y prevención del acoso sexual y del acoso por razón de sexo en el trabajo fijado por el protocolo aprobado por [NOMBRE_EMPRESA], para llevar a cabo las tareas asociadas a la investigación de los hechos y posterior redacción del informe necesario, D./D.ª [NOMBRE_PERSONA_TRABAJADORA] se compromete a:

- Salvaguardar y mantener el respeto a una confidencialidad estricta y al derecho a la intimidad, no sólo de la presunta víctima sino también de la persona objeto de la acusación.

- Respetar el deber de guardar confidencialidad y sigilo sobre su intervención y sobre cuánta información conocieran por su comparecencia en la comisión constituida.

- Acudir a las actividades formativas que la empresa imparta con el fin de obtener las suficientes habilidades para poder actuar según lo establecido en el protocolo de actuación y prevención del acoso en el trabajo vigente.

[FIRMA]

Formulario para la denuncia de irregularidades mediante canal de denuncias interno

Mediante el presente formulario orientativo la organización recopilará la información necesaria para iniciar el procedimiento de investigación frente a la denuncia de irregularidades formulada de manera confidencial o anónima.

Toda acción que se establezca a partir de la presentación de la denuncia, así como los procedimientos que se lleven a cabo, han de basarse en la buena fe, la privacidad y protección de datos personales.

La información recogida sólo será tratada por el personal autorizado con la finalidad de gestionar la denuncia. Siguiendo la LOPDGDD, los datos del denunciante, denunciado o terceros afectados deberán conservarse en el sistema de denuncias únicamente durante el tiempo imprescindible para realizar la investigación de los hechos, debiendo procederse en a su supresión del sistema, salvo necesidad de dejar evidencia para futuras investigaciones o justificación de la validez del sistema. Las denuncias sobre las que no se actúe podrán constar de forma anonimizada.

FORMULARIO DE DENUNCIA

DATOS:

Lugar en donde sucedió el incidente:

– [ESPECIFICAR].

Dirección:

– [ESPECIFICAR].

Localidad:

– [ESPECIFICAR].

Provincia:

– [ESPECIFICAR].

CP:

– [ESPECIFICAR].

Centro de trabajo:

– [ESPECIFICAR].

¿Cuál es su relación con [NOMBRE_EMPRESA]**?**

– [ESPECIFICAR].

¿Desea presentar denuncia confidencial* o anónima**?

– [ESPECIFICAR_CONFIDENCIAL/ANÓNIMA].

* Si ha elegido «Confidencial» complete la siguiente información:

– **Nombre:** [NOMBRE_PERSONA_DENUNCIANTE].

– **Apellidos:** [APELLIDOS_PERSONA_DENUNCIANTE].

- **Teléfono**: [NÚMERO_PERSONA_DENUNCIANTE].
- **E-mail**: [CORREO_PERSONA_DENUNCIANTE].
- **Puesto de trabajo**: [ESPECIFICAR].

** *Si ha elegido «Anónima» indique por qué prefiere mantener su anonimato:*

- [ESPECIFICAR].

DENUNCIA:

Fecha de la denuncia

- [FECHA].

Delito denunciado:

- [A MODO DE EJEMPLO PODRÍAN FACILITARSE LAS SIGUIENTES CATEGORÍAS:
  - Irregularidades con proveedores.
  - Irregularidades con clientes. Vulneración de la propiedad industrial e intelectual.
  - Vulneración de los Derechos Fundamentales.
  - Apropiación de recursos y/o desvío de fondos.
  - Irregularidades en la utilización de bienes, equipos y aplicaciones informáticas.
  - Manipulación y falsificación de datos.
  - Vulneración del deber de secreto y control de la información.
  - Vulneración de la protección de datos de carácter personal.
  - Irregularidades relacionadas con el código ético de [NOMBRE_EMPRESA].
  - Irregularidades relacionadas con el compliance de [NOMBRE_EMPRESA].

Descripción de los hechos:

- [DESCRIPCIÓN].

Indique si los hechos se están produciendo actualmente o en qué fecha se produjeron:

- [ESPECIFICAR].

Afectados

- [ESPECIFICAR].

¿Conoce la identidad de las personas comprometidas en este comportamiento?

- [SI*/NO]

* *En caso afirmativo indique nombre completo y cargo:*

1. Nombre persona implicada: [NOMBRE].
   - Cargo: [ESPECIFICAR].
2. Nombre persona implicada: [NOMBRE].
   - Cargo: [ESPECIFICAR].
3. Nombre persona implicada: [NOMBRE].
   - Cargo: [ESPECIFICAR].

¿Hay algún cargo directivo involucrado en la irregularidad?

– [SI*/NO/NO SABE/NO DESEA REVELAR].

* En caso afirmativo indique su nombre y puesto

1. Nombre persona implicada: [NOMBRE].

– Cargo: [ESPECIFICAR].

2. Nombre persona implicada: [NOMBRE].

– Cargo: [ESPECIFICAR].

3. Nombre persona implicada: [NOMBRE].

– Cargo: [ESPECIFICAR].

La situación denunciada ¿Es conocida por el órgano superior?

– [SI/NO/NO SABE/NO DESEA REVELAR]*.

*Identifique con nombre y cargo a las personas que hayan intentado encubrir este problema y las medidas que tomaron para encubrirlo:

1. Nombre persona implicada: [NOMBRE].

– Cargo: [ESPECIFICAR]. Actuación de encubrimiento: [DESCRIPCIÓN].

2. Nombre persona implicada: [NOMBRE].

– Cargo: [ESPECIFICAR]. Actuación de encubrimiento: [DESCRIPCIÓN].

3. Nombre persona implicada: [NOMBRE].

– Cargo: [ESPECIFICAR]. Actuación de encubrimiento: [DESCRIPCIÓN].

¿La irregularidad denunciada afecta a terceros relacionados con la compañía?

– [SI*/NO/NO SABE/NO DESEA REVELAR].

* En caso afirmativo indique su nombre y posible repercusión

1. Nombre persona afectada: [NOMBRE]. Cargo:

– [ESPECIFICAR]. Descripción de los hechos: [DESCRIPCIÓN]

2. Nombre persona afectada: [NOMBRE] Cargo:

– [ESPECIFICAR]. Descripción de los hechos: [DESCRIPCIÓN].

¿La irregularidad denunciada tiene impacto económico?

– [SI*/NO/NO SABE].

* En caso afirmativo realice una cuantificación aproximada del impacto económico:

– [DESCRIPCIÓN].

OTRA INFORMACIÓN*:

– [DESCRIPCIÓN].

Dispone de algún documento acreditativo de la irregularidad denunciada

[SI*/NO//NO DESEA REVELAR].

* En caso afirmativo indique cual:

– [DESCRIPCIÓN].

PROTECCIÓN DE DATOS:

Los datos personales que facilite serán incorporados a un fichero responsabilidad [NOMBRE_EMPRESA], con domicilio [DIRECCIÓN], con la finalidad de gestionar su comunicación, realizar la investigación de los hechos denunciados, adoptar las medidas correctivas pertinentes, y en caso de ser necesario, informarle sobre el resultado del procedimiento.

Los datos personales serán tratados de forma confidencial y no serán comunicados a ningún tercero, salvo que resultasen imprescindibles para la investigación de los hechos denunciados.

La base jurídica que legitima este tratamiento es la necesidad para el ejercicio de una misión de interés público, como es la prevención de infracciones penales y de la responsabilidad penal de [NOMBRE_EMPRESA].

Los datos serán tratados con las finalidades indicadas durante el plazo necesario para su investigación conforme a lo establecido en la normativa vigente.

En todo momento podrá ejercer sus derechos de acceso, rectificación, supresión, oposición, limitación y portabilidad con respecto a los datos personales que haya facilitado, a través de correo postal a la dirección indicada, aportando copia de su DNI o documento equivalente, e identificándose como usuario del formulario de canal de denuncias.

En caso de considerar vulnerado su derecho a la protección de datos podrá interponer una reclamación ante la Agencia Española de Protección de Datos (www.aepd.es) o ante el Delegado de Protección de Datos de [EMPRESA] ([CORREO]).

Acta de constitución de la comisión de instrucción del acoso sexual o acoso por razón de sexo

Modelo para la constitución de la comisión de instrucción tras denuncia por parte de una persona trabajadora de la una situación de acoso sexual o acoso por razón de sexo.

En [LUGAR], a [FECHA].

ACTA DE CONSTITUCIÓN DE LA COMISIÓN DE INSTRUCCIÓN DEL ACOSO SEXUAL O ACOSO POR RAZÓN DE SEXO

Por la empresa/asociación empresarial:

- D./D.ª [NOMBRE_REPRESENTANTE].
- D./D.ª [NOMBRE_REPRESENTANTE].
- ...

Por la representación de los trabajadores:

- D./D.ª [NOMBRE_REPRESENTANTE].
- D./D.ª [NOMBRE_REPRESENTANTE].
- ...

1.- En [LUGAR], a [FECHA], siendo las [HORA] hs, reunidos por una parte la representación de la empresa [NOMBRE_EMPRESA] y de otra los representantes de los trabajadores, se constituye la presente comisión, de conformidad con el protocolo de actuación y prevención del acoso sexual o acoso por razón de sexo en [NOMBRE_EMPRESA], dentro del plazo previsto.

2.- El motivo de la constitución es tramitar la denuncia presentada en el pasado [FECHA], mediante [INDICAR CANAL DE DENUNCIA].

3.- Se acuerda el siguiente calendario de negociaciones:

- [ESPECIFICAR].

4.- Las deliberaciones tendrán lugar en la sede social de la empresa sita en [DOMICILIO_SOCIAL].

Como prueba de la conformidad con lo establecido en la presente acta, ambas partes la suscriben en el lugar y fecha señalados al comienzo de la misma.

[FIRMAS]

Modelo de informe de conclusiones tras investigación de denuncia por acoso sexual o acoso por razón de sexo

Modelo de informe de conclusiones tras investigación de denuncia por acoso sexual o acoso por razón de sexo.

NÚMERO DE EXPEDIENTE: [NÚMERO].

CENTRO DE TRABAJO: [ESPECIFICAR].

ASUNTO: [INDICAR MATERIA].

INFORME DE CONCLUSIONES

La comisión de instrucción del acoso sexual o acoso por razón de sexo formada el pasado [FECHA], y compuesta por:

Por la empresa/asociación empresarial:

– D./D.ª [NOMBRE_REPRESENTANTE]. D./D.ª [NOMBRE_REPRESENTANTE].

Por la representación de los trabajadores:

– D./D.ª [NOMBRE_REPRESENTANTE]. D./D.ª [NOMBRE_REPRESENTANTE].

Siguiendo el **protocolo de actuación y prevención del acoso sexual o acoso por razón de sexo** en [NOMBRE_EMPRESA], y tras la instrucción del pertinente expediente,

EXPONE

1. Antecedentes del caso

– [RESUMEN DE LA IRREGULARIDAD DENUNCIADA].

2. Relación de los hechos del caso

– [DESCRIPCIÓN SEGÚN EL CASO].

3. Diligencias practicadas

– [DESCRIPCIÓN DE LAS DILIGENCIAS PRACTICADAS].

4. Infracciones detectadas

– [DESCRIPCIÓN SEGÚN EL CASO].

5. Propuesta de las medidas a adoptar

– [ESPECIFICAR].

6. Cierre del expediente y archivo y custodia del mismo

– [ESPECIFICAR SEGÚN EL PROTOCOLO DE ACTUACIÓN LAS MEDIDAS PARA LA PROTECCIÓN DE DATOS Y EL MANTENIMIENTO DE LA CONFIDENCIALIDAD AL CIERRE DEL EXPEDIENTE].

[FIRMAS]

FIRMA REPRESENTANTES EMPRESA.

[FIRMAS]

FIRMA REPRESENTANTES COMISIÓN.

Modelo genérico de denuncia interna por acoso sexual o por razón de sexo dentro de la empresa

La Ley Orgánica 3/2007 obliga a las empresas a prevenir el acoso sexual y por razón de sexo, estableciendo medidas negociadas con los representantes de los trabajadores. El presente modelo (orientativo) permite la denuncia interna por acoso sexual o por razón de sexo dentro de un protocolo para la prevención del acoso sexual o por razón de sexo.

MODELO DE DENUNCIA POR ACOSO SEXUAL O POR RAZÓN DE SEXO

SOLICITANTE (1)

[MARCAR]	Persona afectada
[MARCAR]	Representantes de los trabajadores/as
[MARCAR]	Recursos humanos
[MARCAR]	Otros: [INDICAR]

TIPO DE ACOSO (1)

[MARCAR]	ACOSO SEXUAL
[MARCAR]	ACOSO POR RAZÓN DE SEXO

DATOS DE LA PERSONA AFECTA

- Nombre y apellidos: [NOMBRE].
- NIF: [NÚMERO].
- Sexo: [NÚMERO].
- Teléfono de contacto: [NÚMERO].
- Correo electrónico: [NÚMERO].
- Centro de trabajo: [ESPECIFICAR].
- Puesto de trabajo: [ESPECIFICAR].

DATOS DE LA PERSONA DENUNCIADA

- Nombre y apellidos: [NOMBRE].
- NIF: [NÚMERO].
- Sexo: [NÚMERO].
- Teléfono de contacto: [NÚMERO].
- Correo electrónico: [NÚMERO].
- Centro de trabajo: [ESPECIFICAR].
- Puesto de trabajo: [ESPECIFICAR].

DESCRIPCIÓN DE LOS HECHOS

– [ESPECIFICAR]. **(2)**

TESTIGOS

– Nombre y apellidos: [NOMBRE].

– NIF: [NÚMERO].

– Sexo: [NÚMERO].

– Teléfono de contacto: [NÚMERO].

– Correo electrónico: [NÚMERO].

– Centro de trabajo: [ESPECIFICAR]

– Puesto de trabajo: [ESPECIFICAR].

SOLICITUD

Solicito el inicio del protocolo de tratamiento del acoso sexual y/o por razón de sexo.

En [LUGAR], [FECHA].

[FIRMA]

PROTECCIÓN DE DATOS.

En cumplimiento de lo dispuesto en la LOPDGDD en lo que respecta al tratamiento de datos personales y a la libre circulación de estos, [NOMBRE_EMPRESA], como Responsable del Tratamiento, le informa de que los datos personales obtenidos mediante la cumplimentación de este documento/impreso/formulario y demás que se adjuntan, van a ser tratados con la finalidad tramitar la denuncia. Los datos personales no serán comunicados a terceros, salvo que exista obligación legal de hacerlo, y serán conservados mientras se mantenga la finalidad para la cual fueron recabados y, a continuación, se conservarán por los periodos legalmente previstos para cada caso, todo ello sin perjuicio de su derecho de supresión u oposición, siendo debidamente bloqueados, de conformidad con lo previsto en la normativa aplicable. El interesado puede ejercitar sus derechos de acceso, rectificación, supresión, oposición, limitación del tratamiento y, cuando legalmente proceda, portabilidad, mediante el envío a [NOMBRE_EMPRESA] de una solicitud a la dirección [DIRECCIÓN] indicando el derecho que ejercita y aportando una fotocopia por las dos caras de su DNI o documento legal de identificación de su identidad. El interesado queda informado del derecho que les asiste a presentar una reclamación en España ante la Agencia Española de Protección de Datos (www.agpd.es) así como a solicitar ante dicho organismo información y tutela sobre el ejercicio de sus derechos.

---

(1) Consignar según proceda.

(2) Deberá describirse con toda exactitud los hechos en que se funde la denuncia, expuestos con claridad y precisión.

Carta de despido disciplinario por acoso sexual

El art. 54 g) del ET establece que el contrato de trabajo podrá extinguirse por decisión del empresario mediante despido basado en un incumplimiento grave y culpable del trabajador ante acoso por razón de origen racial o étnico, religión o convicciones, discapacidad, edad u orientación sexual y el acoso sexual o por razón de sexo al empresario o a las personas que trabajan en la empresa.

En [LOCALIDAD], a [DÍA] de [MES] de [AÑO].

[NOMBRE_EMPRESA].

A la Att. de Sr./Sra. D./D.ª [NOMBRE_PERSONA_TRABAJADORA].

Muy Señor/a nuestro/a:

Ha quedado acreditado que ha realizado Vd. la siguiente conducta y en la/s siguiente/s fecha/s, constituyendo la misma un incumplimiento contractual:

- a) Día [DÍA] de [MES] de [AÑO]. Usted ha [DESCRIPCIÓN]. Estando de testigos: [NOMBRE].
- b) Día [DÍA] de [MES] de [AÑO]. Usted ha [DESCRIPCIÓN]. Estando de testigos: [NOMBRE].
- c) Día [DÍA] de [MES] de [AÑO]. Usted ha [DESCRIPCIÓN]. Estando de testigos: [NOMBRE].

Independientemente de las posibles consecuencias penales que su conducta conlleve, y de las acciones que el interesado y/o esta empresa ejerzan en dicho ámbito, los hechos relatados representan una actitud indecorosa con D./D.ª [NOMBRE_PERSONA_TRABAJADORA], empleado/a de esta empresa, actitud calificable de acoso sexual.

Su conducta es constitutiva de un incumplimiento grave y culpable por su parte de las obligaciones de acuerdo con lo que prevé el artículo 54 del Estatuto de los Trabajadores y establece el artículo [NÚM_ARTÍCULO] del convenio colectivo de [CONVENIO_COLECTIVO_APLICABLE].

Contra la citada sanción puede recurrir ante el Juzgado de lo Social en el plazo de 20 días hábiles contados a partir de la recepción de la presente comunicación sin perjuicio del percibo de la liquidación que por saldo y finiquito le corresponde, por importe de [CANTIDAD] euros, y que se encuentra a su disposición en las oficinas de esta empresa.

Sin otro particular que comunicarle, rogándole firme el duplicado a los efectos oportunos, se despide,

Atentamente,

[FIRMA_SELLO_EMPRESA]

La empresa.

RECIBÍ

[FIRMA]

D./D.ª [NOMBRE_PERSONA_TRABAJADORA].

Demanda de resolución contractual
por *mobbing* o acoso laboral

La demanda por acoso será indiscutiblemente por la modalidad de **tutela de derechos fundamentales**. No obstante, ha de tenerse en cuenta que la referencia al acoso se lleva a cabo sin distinguir si se trata, únicamente, de acoso por razón de sexo, o, por el contrario, deban considerarse incluidas también las restantes modalidades, esto es, acoso laboral o *mobbing*, y acoso sexual.

AL JUZGADO DE LO SOCIAL DE [LOCALIDAD]

D./D.ª [NOMBRE_LETRADO_O_GRADUADO_SOCIAL], en calidad de Letrado y representante de D./D.ª [NOMBRE_PERSONA_TRABAJADORA], representación que acredito mediante copia de escritura de apoderamiento que acompaño, y domicilio a efectos de notificaciones en [DOMICILIO_DESPACHO], ante este juzgado de lo social, comparece y como mejor proceda en derecho,

DIGO

Que mediante el presente escrito interpongo **DEMANDA EN MATERIA DE EXTINCIÓN DEL CONTRATO DE TRABAJO POR VULNERACIÓN DE DERECHOS FUNDAMENTALES Y POR ACOSO LABORAL,** contra: **(1)**

- [NOMBRE_EMPRESA], SL, con domicilio social en [DOMICILIO_SOCIAL], CIF [CIF] y CCC [NÚMERO]
- D./D.ª [NOMBRE], con domicilio en [DOMICILIO].

Solicitando se dé traslado de esta demanda al MINISTERIO FISCAL.

Baso la presente demanda en los siguientes,

HECHOS

PRIMERO.- Mi representado/a D./D.ª [NOMBRE_PERSONA_TRABAJADORA] presta sus servicios laborales para el demandado desde el [DÍA] de [MES] de [AÑO] con la categoría/grupo profesional de [CATEGORÍA PROFESIONAL] y un salario mensual, [ESPECIFICAR] (incluida/excluida) la parte proporcional de pagas extra de [CANTIDAD] euros.

SEGUNDO.- Que desde el mes de [MES] de [AÑO] el demandado, **(1)** están llevando a cabo una labor de hostigamiento y acoso contra mi persona con la finalidad de que [ESPECIFICAR]. **(2)**

La actitud de hostigamiento y acoso se ha manifestado mediante actos de desprestigio personal y laboral, concretándose en los siguientes hechos:

- [ESPECIFICAR].
- [ESPECIFICAR].

TERCERO.- En fecha [DÍA] de [MES] de [AÑO] y como consecuencia de este hostigamiento empresarial mi representada causó baja con un cuadro clínico de (depresión/ansiedad, etc.) permaneciendo en tal situación hasta el pasado día [DÍA] de [MES] de [AÑO].

(En caso de que el acoso perdure durante la baja:

Durante el tiempo de permanencia de la actora en IT el demandado ha continuado en su actitud de acoso cada vez que mi representada acudía a cobrar, sirviéndose en la mayoría de las ocasiones de un empleado llamado [NOMBRE]*, haciéndole desagradables comentarios del siguiente tenor:*

«[ESPECIFICAR]» (en fecha [FECHA]*), «[ESPECIFICAR]» (en fecha* [FECHA]*), «[ESPECIFICAR]» (el día* [FECHA]*).*

CUARTO.- Los hechos relatados constituyen un caso de acoso o «moobing» y personal con menosprecio profesional por parte de D./D.ª [NOMBRE] **(1)**, que ha causado a mi mandante los siguientes perjuicios:

  – [ESPECIFICAR].

QUINTO.- Los citados hechos me han ocasionado los siguientes daños y perjuicios:

  – [DESCRIPCIÓN].

SEXTO.- Los daños y perjuicios ocasionados se cuantifican del siguiente modo:

  – [DESCRIPCIÓN].

SÉPTIMO.- Que en base a todo lo anterior queda perfectamente justificada la extinción de la relación laboral por incumplimiento grave de sus obligaciones por parte del empresario, ante la vulneración de los derechos fundamentales por acoso moral de mi mandante y la necesidad de indemnización por los daños y perjuicios de ello derivados con una cantidad de [CANTIDAD] euros en base a [DESCRIPCIÓN]. **(3)**

OCTAVO.- Que en la empresa prestan servicios [NÚM_TRABAJADORES_EMPRESA] trabajadores y mi representado/a no ostenta la condición de representante de los mismos siendo la actividad de la empresa la de [ACTIVIDAD_EMPRESA].

A los anteriores hechos resultan de aplicación los siguientes,

FUNDAMENTOS DE DERECHO

I.- Jurisdicción y Competencia

Son de aplicación los artículos 1, 2, 6 y 10 de la Ley 36/2011, de 10 de octubre, reguladora de la jurisdicción social, por promoverse la pretensión dentro de la rama Social del Derecho y estar atribuido su conocimiento y resolución, en única instancia, al juzgado de lo social.

II.- Capacidad y Legitimación

Demandante y demandada tienen plena capacidad procesal respecto de sus derechos, intereses y obligaciones, en los términos recogidos en el art. 16 de la Ley de Jurisdicción Social.

La parte demandante está activamente legitimada conforme al art. 17.1 de la Ley de Jurisdicción Social.

III.- Representación y Defensa

Ejercitando el derecho que a las partes en el proceso laboral reconoce el art. 21 de la Ley de Jurisdicción Social, esta parte acude a juicio asistida por Letrado.

IV.- Demanda

Este escrito cumple las exigencias legales de contenido que el art. 80 de la Ley de Jurisdicción Social.

V.- Procedimiento

La reclamación se substanciará por las normas reguladoras del proceso ordinario, según los arts. 81 a 101 de la Ley de Jurisdicción Social, con las particularidades señaladas en los artículos 177 a 184 de la citada norma, reguladores del procedimiento sobre tutela de los derechos fundamentales y libertades públicas.

VI.- Derecho sustantivo (4)

Resulta de aplicación al caso, el artículo 4.2 e) del Estatuto de los Trabajadores, por el cual los trabajadores tienen derecho al respeto de su intimidad, y a la consideración debida a su dignidad, comprendida la protección frente al acoso por razón de origen racial o étnico, religión o convicciones, discapacidad, edad u orientación sexual, y frente al acoso sexual y al acoso por razón de sexo.

El art. 50.1 c) en cuanto al resto de incumplimientos contractuales graves del empresario con acoso laboral, como el apartado 2 de dicho artículo, en cuanto al derecho a la indemnización correspondiente de acuerdo con el artículo 56 de la citada norma.

VII.- Excepción a la conciliación o mediación previas

El artículo 64.1, de la Ley 36/2011, de 10 de octubre, reguladora de la jurisdicción social, donde se exceptúan del requisito del intento de conciliación o, en su caso, de mediación los procesos de tutela de los derechos fundamentales y libertades públicas.

VIII.- Fondo del asunto

1. Art. 50 del Estatuto de los Trabajadores, en relación con los arts. 14, 15, 18.1, 20 y 24 de la Constitución Española, y los arts. 4.2 c), d) y e), art. 17 y art. 37.6 del citado Estatuto, entendiendo que **ha existido acoso laboral que infringe los derechos fundamentales de/la trabajador/a recogidos en los preceptos mencionados**.

IX.- Existencia de acoso moral o *mobbing*

En este supuesto interesan:

- **STSJ País Vasco, rec. 2226/2003, de 23 de diciembre de 2003**, donde se establece que la psicología ha definido el acoso laboral como situaciones de persecución a un trabajador frente al que se desarrollan actitudes de violencia psicológica de forma prolongada y que conducen a su extrañamiento social en el marco laboral, le causan alteraciones psicosomáticas de ansiedad, pérdida de la autoestima, úlcera gastrointestinal, y depresión, y en ocasiones consiguen el abandono del trabajador del empleo porque no puede soportar el estrés al que se encuentra sometido.

- **STSJ Cataluña, rec. 1578/2001, de 28 de noviembre de 2001**. Donde se trata el acoso moral o *mobbing* como un elemento intencional lesivo, ya proceda del empleador o superiores jerárquicos *(bossing)* o por compañeros (*mobbing* horizontal). Se compone de actuaciones hostiles, que, tomadas de forma aislada, podrían parecer anodinas, pero cuya repetición constante tiene efectos perniciosos.

- **STSJ Cantabria n.° 679/2006, 3 de julio de 2006, ECLI:ES:TSJCANT:2006:963**, donde se hace referencia a que la doctrina especializada en este materia incluye en la categoría de *mobbing* las siguientes conductas:

  - 1) Ataques contra la víctima: el superior le limita las posibilidades de comunicarse, le cambia la ubicación separándole de sus compañeros, se juzga de manera ofensiva su trabajo, se cuestionan sus decisiones.

  - 2) Ataque mediante aislamiento social.

- 3) Ataques a la vida privada.

- 4) Agresiones verbales, como gritar o insultar, criticar permanentemente el trabajo de esa persona.

- 5) Rumores: criticar y difundir rumores contra esa persona.

- **STSJ Aragón n.º 280/2015, de 6 de mayo de 2015, ECLI:ES:TSJAR:2015:566**: El acoso moral o *mobbing* en el trabajo consiste en un agresión del empresario, o de alguno de sus empleados con el conocimiento y tolerancia de aquél, mediante hechos, órdenes o palabras, repetida y duradera en el tiempo, con el fin de desacreditar, desconsiderar y aislar al trabajador, que puede llegar incluso a deteriorar su salud, con objeto de conseguir un auto-abandono del trabajo, produciendo un daño progresivo y continuo a su dignidad. La resistencia del trabajador ante este ataque depende de su fortaleza psicológica y de su capacidad de sobreponerse a la adversidad. La «dignidad del trabajador» como atributo de la persona se encuentra expresamente reconocido en el art. 10 de la Constitución, que señala que la dignidad de la persona, los derechos inviolables que le son inherentes, el libre desarrollo de la personalidad, el respeto a la Ley y a los derechos de los demás, son fundamento del orden político y de la paz social. Se ha definido la dignidad personal por el Tribunal Constitucional (Ss. 53/1985 de 11 de abril o 120/1990 de 29 de junio), como un valor espiritual y moral inherente a la persona que se manifiesta singularmente la autodeterminación consciente y responsable de la propia vida y que lleva consigo la pretensión al respeto por parte de los demás. Expresamente se protege, entre los derechos laborales, en el art. 4. 2 e) y en el art. 20. 3 del; ET. Por otro lado, el acoso moral perjudica también el derecho a la integridad física y moral, contemplado en el art. 15 de la Constitución, y supone un trato inhumano o degradante, proscrito en el mismo precepto.

- **STSJ Aragón n.º 357/2016, de 19 de mayo de 2016, ECLI:ES:TSJAR:2016:640**: El acoso moral *(mobbing)* consiste en un agresión del empresario, o de alguno de sus empleados con el conocimiento y tolerancia de aquél, mediante hechos, órdenes o palabras, repetida y duradera en el tiempo, con el fin de desacreditar, desconsiderar y aislar al trabajador, que puede llegar incluso a deteriorar su salud, con objeto de conseguir un auto-abandono del trabajo, produciendo un daño progresivo y continuo a su dignidad. La resistencia del trabajador ante este ataque depende de su fortaleza psicológica y de su capacidad de sobreponerse a la adversidad. Se caracteriza por una transferencia de proyecciones o energías negativas de empresario a trabajador con ánimo de victimizar a este. Una sublimación de la perversión, mezquindad y bajeza del sujeto activo en su tendencia a afrentar la dignidad del sujeto pasivo, cuya victimización, de una manera u otra, con una amplia posibilidad de manifestación, se busca, hasta producir la sensación de que es inútil o indeseable, intentando degradarle, en su expresión más antijurídica, ruin, mezquina y baja, a una supuesta dimensión de cosa, abiertamente incompatible con lo más elemental de lo que es derecho y en caso alguno compatible con él, que nace, en su expresión esencial, de la dignidad humana.

- **STS, rec. 593/2008, de 16 de febrero de 2011.** Define expresamente el acoso laboral o *mobbing*: «conducta abusiva o violencia psicológica a que se somete de forma sistemática a una persona en el ámbito laboral, manifestada especialmente a través de reiterados comportamientos, palabras o actitudes que lesionen la dignidad o integridad psíquica del trabajador y que pongan en peligro o degraden sus condiciones de trabajo. Actitudes de hostigamiento que conducen al aislamiento del interesado en el marco laboral, produciéndole ansiedad, estrés, pérdida de autoestima y alteraciones psicosomáticas, y determinando en ocasiones el abandono de su empleo por resultarle insostenible la presión a que se encuentra sometido. Según el Instituto Nacional de Seguridad e Higiene en el Trabajo se trata de «aquella situación en la que una persona o un grupo de personas ejercen una violencia psicológica extrema, de forma sistemática (al menos, una vez por semana) durante un tiempo prolongado (más de seis meses) sobre otra persona en el lugar de trabajo». Se trata de un fenómeno laboral, muy antiguo aunque de reciente actualidad, que es contrario al principio de igualdad de trato, tal como se define en los arts. 3, 4 y 5 de la Directiva Comunitaria 76/2007 de 9 febrero, que vulnera el derecho a la integridad moral y la interdicción de tratos inhumanos o degradantes que consagra el art. 15 de la Constitución, y que en el ámbito normativo laboral desconoce el derecho que a todo trabajador reconoce el art. 4.2.e) del ET para que se le respeten su intimidad y la consideración debida a su dignidad. Derechos básicos cuya infracción por parte empresarial es calificado como un grave incumplimiento de las obligaciones contractuales. Los mecanismos del *mobbing* admiten pluralidad de formas que van desde las actitudes más groseras y violentas (bullying) a las técnicas de mayor sutileza (medidas organizativas del trabajo que resulten peyorativas para el afectado, actitudes de aislamiento en el seno de la empresa, críticas, rumores o subestimaciones– y pueden tener por sujeto activo tanto a compañeros de trabajo (*mobbing* horizontal) como al personal directivo (bossing), el que incluso puede ser sujeto pasivo (*mobbing* vertical ascendente); aunque sin duda, el más característico y usual es el que parte de una relación asimétrica de poder (*mobbing* vertical descendente). Pero, en todo caso, la situación de acoso laboral requiere determinados componentes objetivos (presión continuada, relación de causalidad con el trabajo, falta de amparo en el poder de dirección y gravedad en la conducta empleada) y subjetivos (intencionalidad denigratoria y carácter individualizado –que no colectivo– del destinatario). Requisitos que han de servir para diferenciar esta figura de otras afines, cual es el «síndrome del quemado» (burnout, o estrés laboral avanzado que se caracteriza por síntomas de cansancio emocional y sentimiento de inadecuación o frustración profesional); o el *mobbing* subjetivo o falso, en los que las percepciones personales del trabajador no se corresponden con los datos –objetivos y subjetivos– que están presentes en el desarrollo de su actividad laboral, en la que faltan los referidos elementos que caracterizan el acoso moral. Pero en todo caso, los citados elementos del acoso permiten distinguir entre lo que propiamente es hostigamiento psicológico y lo que resulta defectuoso ejercicio –abusivo o arbitrario– de las facultades empresariales, pues en el primero se lesionan derechos fundamentales de la persona –básicamente su dignidad e integridad moral–, en tanto que el segundo se limita a comprometer estrictos derechos laborales; diferencia que incluso puede predicarse de la motivación, dado que en el hostigamiento se aprecia intención de perjudicar al trabajador y en el ejercicio indebido de la actividad directiva prima el interés –mal entendido– empresarial. Esta Sala y Sección en Sentencia de 10-3-2010, rc. 2001/09, se ha hecho eco de modo sustancial de esta definición del acoso laboral o *mobbing* tomándola de la Sentencia de instancia al afirmar que se define como tal una situación en la que se ejerce una violencia psicológica, de forma sistemática y durante un tiempo prolongado sobre otra persona o personas en el lugar de trabajo con la finalidad de destruir las redes de comunicación de la víctima o víctimas, destruir su reputación, perturbar el ejercicio de sus labores y lograr finalmente que esta persona o personas acaben abandonando el lugar de trabajo».

- Convenio colectivo del sector de [CONVENIO_COLECTIVO_APLICABLE].

- Todas las normas concordantes y complementarias aplicables al caso.

X.- Indemnización de daños y perjuicios

En este punto interesan:

- **STSJ Comunidad Valenciana n.º 1262/2012, de 9 de mayo de 2012, ECLI:ES:TSJCV:2012:4034**, donde se razona que «la indemnización por daños y perjuicios derivados de accidente de trabajo y que es la restitución íntegra del daño, la cual no se logra si no se indemnizan los daños psíquicos y morales producidos por el comportamiento de la empresa que ocasionó a la actora un perjuicio que al menos se extiende hasta la fecha de su alta médica, por lo que entiende que debe indemnizársele el daño moral y psíquico derivado de su situación de incapacidad temporal correspondiente al período que va del 18-07-07 al 25-7-2008 de conformidad con lo establecido en el Baremo del RDLeg 8/2004 de 29 de octubre por el que se aprueba el texto refundido de la Ley de Responsabilidad Civil y Seguro en la circulación de vehículos a motor, a razón de 53,66 euros por día en baja impeditiva, lo que arroja una suma de 19.961,52 euros (372 días x 53,66 euros), más el 10% fijado en el baremo como factor de corrección, lo que asciende a un total de 21.957,67 euros».

- STS, rec. 4372/2004, de 17 de mayo de 2006, ECLI:ES:TS:2006:3444, donde el TS mantiene el pronunciamiento de instancia que declara extinguido el contrato laboral del trabajador actor con derecho a percibir una indemnización por la extinción contractual de un importe de 14.330,55 € y, asimismo, otra indemnización por los daños y perjuicios materiales y morales sufridos por el demandante en cuantía de 20.000, al desestimar el recurso interpuesto por la administración demandada. Basa la sala su pronunciamiento en la concurrencia en el caso de autos, de una situación de acoso laboral determinante de una lesión psíquica en la persona del trabajador que, por sí misma, y con independencia de las consecuencias laborales que ha de producir, constituye, sin duda alguna, una lesión de derechos fundamentales del mismo que, sustancialmente, se contraen a un ataque frontal a la dignidad personal del trabajador demandante de autos. Para el TS, «negar, en el presente caso que se ha producido con la conducta empresarial un atentado al derecho fundamental a la dignidad personal del trabajador demandante y una propia y verdadera actuación de acoso laboral, sería desconocer la realidad de la situación enjuiciada e ignorar, asimismo, que, en la misma, no solo deben ser valorados los daños y perjuicios derivados de la extinción contractual ejercitada en la demanda rectora de autos, sino, también, los daños materiales y morales que comporta la enfermedad psíquica que, a consecuencia del comportamiento empresarial, tiene que soportar el trabajador que postula la extinción de su contrato laboral y que, por sí mismos, constituyen la violación de un derecho fundamental».

En situaciones, como la contemplada en el presente recurso han de valorarse, con separación los daños y perjuicios derivados de la extinción del contrato de trabajo y aquellos otros inherentes a la lesión del derecho fundamental del trabajador que se concretan en el padecimiento psíquico derivado del comportamiento empresarial que genera la extinción contractual.

No es lo mismo la contemplación de una extinción contractual de un trabajador que permanece en situación de sanidad física y mental, de aquella otra en la que, el mismo, queda aquejado de un trastorno psíquico a causa de la conducta empresarial determinante de la extinción contractual operada conforme al art. 50.1.a) del Estatuto de los Trabajadores.

Por lo expuesto,

SOLICITO AL JUZGADO:

Que teniendo por presentado este escrito en tiempo y forma lo admita y por interpuesta demanda en materia de extinción del contrato de trabajo por vulneración de derechos fundamentales y acoso laboral y, en su virtud, previos los trámites legales pertinentes, cite a las partes para los actos de conciliación y juicio oral y, en su día, dicte Sentencia por la que estimando la demanda declare la extinción del contrato de trabajo que unía al actor/a con el demandado/a con los efectos del despido improcedente condenando a éste/a a estar y pasar por dicha declaración y a que abone a mi demandante en concepto de indemnización la cantidad de 33 días por año de servicio, más una indemnización adicional de [CANTIDAD] euros por daños y perjuicios. **(3)**

OTROSÍ DIGO: interesa al Derecho de esta parte se practiquen en el acto de Juicio, los siguientes medios de prueba:

- A) INTERROGATORIO del representante legal de la demandada y del demandado D./D.ª [NOMBRE], bajo juramento indecisorio y con apercibimiento de ser tenidos por confeso en caso de no comparecer.

- B) TESTIFICAL mediante el interrogatorio de los testigos que esta parte proponga y presente en el acto de juicio oral.

SUPLICO:

Que tenga por hechas las precedentes manifestaciones admitiendo la prueba articulada y ordenando lo conducente para su práctica.

En [LOCALIDAD], a [DÍA] de [MES] de [AÑO].

[FIRMA]

---

(1) En caso de existir colaboración: «en connivencia y colaboración con otro empleado/a de la empresa llamado D./D.ª [NOMBRE]». La Sala IV del Tribunal Supremo en su STS 30/01/2008 (R. 2543/2006), si bien con voto particular, avala la necesidad de traer al proceso no solo a la empresa, sino también al infractor o causante real, propio y directo del «mobbing» y en general a todas las personas o entidades, de cualquier clase que sean, que hayan intervenido de una u otra forma en la vulneración del derecho fundamental, máxime si se tiene en cuenta que la sentencia que ponga fin al proceso tiene que contener esas declaraciones y condenas que alcanzan a todas ellas. Por otro lado, si se deja fuera del proceso a un trabajador, que fuese el principal responsable del *mobbing*, el infractor más directo y propio de los derechos fundamentales, ello no concuerda muy bien con la naturaleza y finalidad esencial de esta modalidad procesal, que no es otra que la tutela de esos derechos fundamentales y la interdicción de toda conducta lesiva de los mismos.

(2) A modo de ej.: «abandone su puesto de trabajo», «cause baja voluntaria en la empresa», «no realice sus funciones correctamente», etc.

(3) Cuando la sentencia declare la existencia de vulneración, el juez deberá pronunciarse sobre la cuantía de la indemnización que, en su caso, le corresponda a la parte demandante por haber sufrido discriminación u otra lesión de sus derechos fundamentales y libertades públicas, en función tanto del daño moral unido a la vulneración del derecho fundamental, como de los daños y perjuicios adicionales derivados. Esta indemnización será compatible, en su caso, con la que pudiera corresponder al trabajador por la modificación o extinción del contrato de trabajo o en otros supuestos establecidos en el Estatuto de los Trabajadores y demás normas laborales.

(4) STSJ Canarias n.º 1495/2011, de 31 de octubre de 2011, ECLI:ES:TSJICAN:2011:2614; STSJ Cataluña n.º 2378/2004, de 22 de marzo de 2004.

Modelo de compromiso de confidencialidad de las personas que intervienen en el proceso de tramitación y resolución de las denuncias por acoso sexual y acoso por razón de sexo

La empresa ha de garantizar que el procedimiento establecido en el protocolo respete la intimidad, confidencialidad y dignidad de las personas afectadas por el acoso.

En [PROVINCIA] a [FECHA].

[DATOS_EMPRESA]

D./D.ª [NOMBRE_PERSONA_INSTRUCTORA], con NIF [NÚMERO], habiendo sido designado por [NOMBRE_EMPRESA] para intervenir en el procedimiento de recepción, tramitación, investigación y resolución de las denuncias por acoso sexual y/o acoso por razón de sexo que pudieran producirse en su ámbito, se compromete a respetar la confidencialidad, privacidad, intimidad e imparcialidad de las partes a lo largo de las diferentes fases del proceso.

Por lo tanto, y de forma más concreta, la persona abajo firmante se compromete a cumplir con las siguientes obligaciones:

- Garantizar la dignidad de las personas y su derecho a la intimidad a lo largo de todo el procedimiento, así como la igualdad de trato entre mujeres y hombres.

- Garantizar el tratamiento reservado y la más absoluta discreción en relación con la información sobre las situaciones que pudieran ser constitutivas de acoso sexual y/o acoso por razón de sexo.

- Garantizar la más estricta confidencialidad y reserva sobre el contenido de las denuncias presentadas, resueltas o en proceso de investigación de las que tenga conocimiento, así como velar por el cumplimiento de la prohibición de divulgar o transmitir cualquier tipo de información por parte del resto de las personas que intervengan en el procedimiento.

Asimismo, declaro que he sido informado por [NOMBRE_EMPRESA] de la responsabilidad disciplinaria en que podría incurrir por el incumplimiento de las obligaciones anteriormente expuestas.

[FIRMA]

D./D.ª [NOMBRE_PERSONA_INSTRUCTORA]

Modelo de consentimiento informado de participación en la fase de entrevistas del procedimiento abierto por activación de protocolo de acoso en la entidad

Mediante el presente modelo de consentimiento informado la persona a la que se realizarán preguntas para esclarecer los hechos relacionados con un caso de acoso sexual o por razón de sexo en la empresa expresa voluntariamente su intención de participar en la investigación y comprendido los objetivos de la misma, sus derechos y las responsabilidades.

- D./D.ª [NOMBRE Y APELLIDOS].
- NIF: [NÚMERO].

EXPONE

Que conozco el procedimiento de actuación previsto en el «PROTOCOLO PARA LA PREVENCIÓN DEL ACOSO LABORAL, SEXUAL Y POR RAZÓN DE SEXO U OTRA DISCRIMINACIÓN» de la empresa [NOMBRE_EMPRESA] y, en consecuencia, las garantías previstas en el mismo en cuanto al respeto y protección de la intimidad y dignidad de las personas afectadas y la obligación de guardar una estricta confidencialidad de la información.

DECLARO

Mi consentimiento para participar en la fase de entrevistas del procedimiento iniciado el día [FECHA] para la investigación de los hechos.

En [LOCALIDAD], a [FECHA].

[FIRMA]

D./D.ª [NOMBRE Y APELLIDOS].